M. André PASQUIER-DESVIGNES

DOCTEUR EN MÉDECINE

DÉLIRE D'UN PARANOIAQUE MYSTIQUE

VINTRAS

ET

L'ŒUVRE DE LA MISÉRICORDE

PARIS

LES PRESSES UNIVERSITAIRES DE FRANCE

49, Boulevard Saint-Michel, 49

DÉLIRE D'UN PARANOIAQUE MYSTIQUE

VINTRAS

ET

L'ŒUVRE DE LA MISÉRICORDE

A MES PARENTS;

A MES MAITRES DES HOPITAUX ;

Je dédie ce travail.

Et multi pseudoprophetae surgent,

et seducent multos...

MATH XXIV. 11

BIBLIOGRAPHIE

Bayeux (M^e). — Plaidoyer pour P.-M. Vintras, avec analyse du plaidoyer de Me Blanche pour M. Geoffroy père. (21, 22, 23 nov. 1842.)

Bérard de Pontlieue. — Tribunal de police correctionnelle de Caen. Défense de P.-M. Vintras. (Caen 1842.)

Bois (J.) — Satanisme et magie. (Paris 1895.) — Les Petites Religions de Paris. (Paris 1894.)

Bouix (Abbé). — L'Œuvre de la Miséricorde, ou la nouvelle société dévoilée. (Paris 1849.)

Caillau (Abbé). — Les nouveaux illuminés, ou les adeptes de l'Œuvre de la Miséricorde convaincus d'extravagance et d'hérésie. (Orléans 1849.)

Charvoz (Abbé). — Le Livre d'Or. (Paris 1849.) — Les erreurs du concile synodal de Paris en son 3e décret contre l'Œuvre de la Miséricorde. (Paris 1849.)

Constant (Abbé) [Eliphas Lévi]. — Histoire de la magie. (Paris 1860.) — La clef des grand mystères. (Paris 1861).

Erdan (A.). — La France mystique. (Paris 1855.)

Gozzoli (A.). — Aveu d'une erreur. (Boulogne-sur-Mer 1841.) — Les Aveux de l'Abbé Charvoz et les saints de Tilly-sur-Seulle. (Caen 1847). — Lettre à un croyant en l'Œuvre de la Miséricorde. (Caen 1847.) — Le prophète Vintras et les saints de Tilly-sur-Seulle. — Un nouveau témoin de leurs turpitudes obscènes. (Caen 1851.)

Grange (L.). — Le prophète de Tilly Pierre-Michel Eugène Vintras. — A l'occasion des apparitions de Tilly (14 nov. 1896). (Paris 1897.)

Guaïta (S. de). — Le Temple de Satan. (1890).

Haro (Le). — Années 1841, 1842, 1843, 1847.

Héry (Abbé). — Les précurseurs de l'avènement intermédiaire de Jésus-Christ. (Paris 1849.)

La Paraz [Abbé Charvoz]. — Les prisons d'un prophète actuel poursuivi par tous les pouvoirs. (Caen 1846.)

Lavalley (G.). — Catalogue des ouvrages normands.

Lemeneur (N.). — Ecrits divers. (Caen 1846.) — A l'univers chrétien ou Acte dit Bref de Grégoire XVI. (Caen 1846.)

Opuscule sur les communications concernant l'Œuvre de la Miséricorde.

Quérard. — Les supercheries littéraires dévoilées. — *Voix de la Septaine (La).*

AVANT-PROPOS

Il pourra sembler étrange que nous ayions choisi pour sujet de notre thèse celui auquel nous nous sommes arrêté, et, à ceux qui feront à ces pages l'honneur de les lire, nous devons de nous en expliquer.

Aujourd'hui plus encore qu'autrefois, en raison du perfectionnement des méthodes de la psychologie, les écrivains, afin de donner au caractère des personnages qu'ils dépeignent un relief plus saisissant encore, s'orientent volontiers vers l'étude de l'état pathologique. Celui-ci en effet ne diffère pas radicalement de l'état physiologique mais, « constitue un simple prolongement des limites de variations, soit supérieures soit inférieures, propre à chaque phénomène de l'organisme normal » (1).

A se confier à cette méthode, certains auteurs, prenant autour d'eux ou dans l'histoire le sujet de leurs travaux, ont fourni à l'observation médicale une série de cas dont l'étude illustre remarquablement celle de la pathologie mentale.

Nous n'en voulons pour exemple que celui de Cervantès écrivant Don Quichotte, qui, merveilleux tableau de délire d'interprétation, fit récemment encore le sujet de thèse et d'articles médicaux.

------

(1) Auguste Comte in « *La Personnalité humaine* » de F. Achille-Delmas et M. Boll.

Sur les conseils éclairés du Docteur Vinchon qui a bien voulu guider nos recherches et dont les travaux psychiatriques, notamment sur les démonopathies font autorité, nous avons puisé dans l'histoire et nous nous sommes proposé d'étudier la vie du prophète Pierre-Michel Vintras, dont la gloire, pour avoir brillé d'un éclat éphémère, n'en eût pas moins au XIXᵉ siècle un grand retentissement.

Qu'il nous soit permis en terminant cet avant-propos, de remercier le Médecin Principal de 1ʳᵉ classe Mendy, Médecin de l'Hôpital Militaire Villemin ; le Docteur Duvoir, Professeur agrégé de Médecine Légale, Médecin des Hôpitaux ; le Docteur Vinchon, ancien Chef de Clinique Adjoint à la Faculté, assistant à l'Hôpital de la Pitié, des directives si précieuses qu'ils nous ont données. Nous leur en exprimons notre respectueuse et très vive gratitude.

CHAPITRE PREMIER

Ce fut en 1839 à Tilly-sur-Seulle en Normandie qu'apparut le Prophète Vintras.

Contremaître d'une petite usine à papier, se déclarant la réincarnation d'Elie, continuateur après bien d'autres illuminés de l'Œuvre de la Miséricorde, Eugène Vintras devait jouir d'une renommée prodigieuse qui ne tarda pas à franchir le cercle étroit de ses premiers disciples.

Enfant illégitime de Marie-Anne Vintras, il naquit à Bayeux, le 7 août 1807. Sa mère l'élève jusqu'à l'âge de dix ans, mais impuissante à maîtriser « les dispositions naturelles qu'il montrait pour la soustraction frauduleuse », elle le place à l'Hôpital Général des Enfants Trouvés de la ville de Bayeux où il reste environ deux ans.

« J'étais alors très pieux, dit-il dans une autobiographie que fit paraître la Voix de la Septaine. J'étais le premier au catéchisme. Comme j'avais l'intelligence assez développée, M. l'abbé Eudeline prenait plaisir à me faire une éducation vraiment chrétienne. Il m'apprit de bonne heure à éviter l'ostentation. Il me montra les dangers d'une piété exagérée. »

Malgré les sages conseils de son directeur, sa première communion est une source d'émotions intenses pour cette âme prédisposée au mysticisme. « J'eus, dit-il, des crises de larmes et de faiblesse. » Et pendant les deux ans qu'il passe à l'Hospice de Bayeux, il continue à faire preuve pour les choses de la religion d'une très grande ardeur. Cependant le poids d'une vie trop régulière commence à se faire sentir chez cet adolescent. Il sait lire, écrire, compter, il est en âge d'apprendre un métier : il sera tailleur. Il quitte Bayeux, se rend à Milon-la-Chapelle où se trouve une de ses tantes, puis à Chevreuse où il commence son apprentissage.

« Ce fut là, dit-il, que la force de la jeunesse et la contagion de l'exemple me firent quitter mes devoirs religieux. » Il passe successivement trois ans à Chevreuse, deux ans à Paris, comme domestique semble-t-il, puis quelques années à Trévières, où il reprend sa profession d'ouvrier tailleur.

Cette vie cependant n'est pas celle qu'il rêvait. Sa santé, dit-il, souffre de ce travail sédentaire. Il quitte son patron, puis se marie.

Il hésite sur le choix d'un nouveau métier. Comme il a soif d'activité, il croit trouver sa voie en se faisant marchand-colporteur. Mais les mauvaises affaires ne tardent pas à lui prouver son erreur. Il perd confiance, manque à ses engagements et à la requête de ses créanciers, on le saisit dans ses meubles. Il demande à être constitué gardien de saisie. Mais l'éducation et son pieux séjour à l'Hospice de Bayeux

n'ont pu venir à bout de ses « dispositions naturelles ». Son goût pour la « soustraction frauduleuse »
reparaît. Il vend les objets dont il a la garde, ce qui
lui vaut d'être condamné à 15 jours de prison par le
tribunal correctionnel de Bayeux.

Dans « les Antécédents de Vintras » (1) on lit ceci :
« En sortant de prison, il ouvrit un café rue des Cui-
sinères à Bayeux. Il paraîtrait qu'une fille d'une vertu
extrêmement suspecte qui habitait la même maison
aurait contribué au développement de sa clientèle ».
Quoiqu'il en soit il ne réussit pas et quitta Bayeux
pour Paris avec l'espoir de trouver un emploi dans
la police. Accueilli chez un sellier qu'il avait connu
en prison, il lui dérobe quelque argent et retourne
en Normandie. Successivement commis chez un
marchand de vins, domestique dans un hôtel, il est
chassé pour indélicatesses. Il entre au service d'une
famille anglaise à Lion-sur-Mer où il reste près de
deux ans, puis revient à Caen. Il est alors âgé de
trente ans.

Après l'agitation de ses premières années il sent
naître en lui un besoin de repos ; l'éloignement religieux dans lequel il a vécu n'y est sans doute pas
étranger. Il regrette cette piété qui jadis lui était si
chère. Peut-être les vieilles et magnifiques églises si
nombreuses dans la ville où il est venu se fixer,
témoignage de la foi merveilleuse du moyen-âge, ont-

------

(1) Abbé Bouix: « *L'Œuvre de la Miséricorde* ».

elles éveillé chez ce prédisposé un penchant au mysticisme qu'il ignorait encore. A vivre dans cette ambiance, cette âme qui a besoin de croire ne peut demeurer loin d'elles. Et cette même année 1837, cédant aux sentiments qui de nouveau se font jour en lui, il se joint au pèlerinage que fait la paroisse Saint-Jean à Notre-Dame-de-la-Délivrance, près de Caen. « Je fis, dit-il, de mûres réflexions sur le temps de ma vie chrétienne, la comparant à celle qui ne l'avait pas été. M. le Curé de Saint-Jean fit un court sermon, je le trouvai presque semblable aux pensées qui m'avaient assailli pendant le voyage. Il m'émut jusqu'aux larmes. »

A une de ces processions il rencontra un certain Geoffroy qui eut sur lui une influence décisive et dont l'attention fut attirée par cette physionomie où il y avait quelque chose de contemplatif et d'inspiré.

De cette rencontre est né le prophète !

Il y a dans la vie de cet homme une part de merveilleux. Jusqu'à trente-quatre ans ne s'adaptant nulle part, il échoue dans toutes ses entreprises. Il occupe plusieurs places d'où il est congédié. Ses affaires périclitent. On le retrouve à Paris, à Bayeux, à Caen désirant toujours faire le métier qu'il ne fait pas. En vain il cherche son idée directrice. Le pèlerinage qu'il fit alors à la Délivrande fut son chemin de Damas. Et pendant les deux ans qui le séparent encore de ses révélations, il va vivre cette phase méditative, incubation de son délire, où s'accumulera en lui « la matière de ses interprétations futures ».

« Lent travail préparatoire qui s'accomplit insidieusement sans provoquer d'inquiétudes. » Mais déjà l'on peut voir sur les évènements qui vont suivre « glisser l'ombre de son délire ».

On sait peu de choses sur cette courte période de sa vie, sinon qu'il ouvrit avec Geoffroy un cabinet d'affaires à Caen et fut chargé de la direction d'un petit moulin à papier situé sur un bras de la Seulle à Tilly et que venait d'acheter le docteur Liégeard par l'intermédiaire de son associé. Sa vie matérielle est désormais assurée. Il s'installe au moulin de Tilly et semble se détendre un peu au milieu d'une atmosphère de calme qui lui est inconnue. Ce contraste avec sa vie passée lui est doux. Les sentiments religieux qui à nouveau se sont emparés de son âme peuvent se donner libre cours. Il s'exhorte à une plus grande piété par la lecture des livres saints. Mais plus sa ferveur augmente, plus il trouve autour de lui de la tiédeur et de l'indifférence.

Comme il aurait aimé vivre au temps où la foi faisait sortir de terre ces belles églises si favorables à ses longues méditations, sa vie sans doute se serait écoulée calme dans quelque cloître, son âme reflétant le ciel, et peut-être ses vertus proposées en exemple l'auraient-elles conduit à diriger ses frères. Hélas ce sont là de stériles regrets ! La foi se meurt. Il n'y a dans le clergé que tiédeur, indifférence chez les grands, hostilité dans le peuple. Un indéfinissable malaise envahit l'Eglise, les dogmes religieux semblent tomber dans le discrédit. N'est-ce pas partout la même inquiétude ? L'Eglise est dépassée par ceux qui l'abandonnent ne sentant plus sa protection e son autorté morale. Les paroles désolées de l'Ancien Testament sont à peine assez fortes pour peindre l'amertume dont ce spectacle le remplit. Et il se me! à espérer un nouveau prophète reprochant au monde son impiété. Sans cesse les mêmes pensées reviennent à son esprit. Il médite sur les Ecritures, compare, juge son époque. Ainsi s'amasse en lui ce qui constituera plus tard son délire, qu'un incident, qui pour un **autre** banal, va bientôt faire éclater, **semblable à ces** sol tions sursaturées dont le moindre choc trouble l'équilibre et fait cristalliser.

Et du fond de son village normand, au milieu des calmes prairies qui entourent son moulin, il se met à espérer dans un avenir prochain quelque chose de grand.

CHAPITRE II

Au pèlerinage de Notre-Dame-de-la-Délivrande, depuis longtemps célèbre dans la Basse-Normandie pour ses apparitions, une foule nombreuse se rend chaque année. C'est en ce lieu élu entre tous, où une foi plus ardente semble envahir les âmes, que Vintras rencontre Geoffroy son futur confident, le promoteur de son délire, esprit enthousiaste, comme lui sensible à l'émotion religieuse. Ce Geoffroy qui surgit dans la vie de Vintras joue un rôle si important dans les événements qui vont suivre que nous devons dire un mot de ses antécédents. Son influence fut telle que l'on peut se demander si le prophète eût été capable d'édifier un aussi riche délire s'il ne l'eût pas connu.

Il avait été notaire à Poitiers, et en 1824, à la suite d'un abus de confiance, il avait fait quelques mois de prison et quitté le notariat. Néanmoins sa réputation de piété est grande. La Supérieure des Dames du Sacré-Cœur s'intéressant à lui, le recommande au baron de Razac, alors sous-gouverneur des Pages de la Maison de Charles X et lui fait avoir une place d'agent comptable. Par la suite, les événements la lui font perdre, il obtint d'être nommé Archiviste du département des Deux-Sèvres.

Il y arriva à une époque où Naundorff, le prétendu fils de Louis XVI évadé de la prison du Temple et

portant le titre de Duc de Normandie, avait su se faire parmi les royalistes de cette région un grand nombre de partisans qui contribuaient à alimenter sa liste civile et travaillaient à une restauration. Geoffroy se lance en pleine intrigue. Il s'enthousiasme pour ce « malheureux prince », il devient son plus chaud partisan, son plus ardent zélateur. Mais sa propagande inquiète ses chefs, il doit quitter les bureaux de la Préfecture. Malgré cette épreuve, sa fidélité reste entière et pour faire triompher la cause qu'il soutient, il se tourne vers le surnaturel.

Depuis longtemps les révélations de Thomas Martin, ce simple paysan de la Beauce dont les visions annoncent la venue de Louis XVII, lui sont familières. Il est également initié à une tradition plus ancienne que se transmettent les membres d'une Société connue sous le nom d' « Œuvre de la Miséricorde », dont le but est de rénover la religion catholique, ainsi que de rétablir sur le trône de France le prétendu Dauphin.

Geoffroy se donne corps et âme à cette restauration. En quittant la Préfecture des Deux-Sèvres, il vient à Caen, rencontre Vintras et l'initie au moment où ce dernier cherche sa voie ; heure favorable entre toutes pour ce travail d'assimilation qui, une fois terminé, fera de lui l'héritier moral de toute une suite de prophètes et de visionnaires.

Il n'est donc pas inutile pour bien comprendre l'enchaînement des faits et le concours de circonstances qui fournirent à Vintras le thème de son délire, de voir ce qu'avait été avant lui Thomas Martin et cette Œuvre de la Miséricorde, où depuis plus de soixante ans une série d'illuminés se transmettaient le flambeau.

Vers 1832 dans un village de la Beauce, à Gallardon près Chartres, un cultivateur nommé Martin passe dans tout le pays pour recevoir des révélations du Ciel En 1816 pendant qu'il travaillait aux champs, le père Martin reçut la visite d'un Ange qui lui ordonna d'aller à Paris, voir le roi Louis XVIII. Des ordres ultérieurs devaient lui être donnés. Il hésite. les visions deviennent plus fréquentes, l'Ange Raphaël plus impérieux. Le Curé de Gallardon, mis au courant de ces faits par Martin, en réfère à son Evêque. Le Préfet d'Eure-et-Loir également avisé, demande des instructions au Ministre de la Police. Martin est conduit à Paris. Placé en observation à l'asile de Charenton, il est examiné par deux illustres aliénistes, Pinel et Royer-Collard, qui restent dans l'incertitude et ne peuvent conclure devant un cas aussi nouveau. Cependant « le Curé de Gallardon bataille inlassablement en faveur de son paroissien malheureux. Il écrit au Ministre, vante la probité et la délicatesse de Martin, s'efforce d'attendrir l'Excellence sur la situation précaire de la Famille en larmes » (1). Enfin, Louis XVIII averti qu'un prophète prétend le conseiller de la part du Ciel consent à le recevoir. Martin est conduit aux Tuileries où i.

____

(1) Lenôtre: « *Martin le Visionnaire* ».

a avec le roi un entretien secret dont voici le compte rendu abrégé : « Il découvrit au roi plusieurs circonstances secrètes qui avaient eu lieu pendant son exil. Il lui révéla des complots formés contre sa personne, et sans lui en nommer les chefs, il les lui désigna d'une manière à ne pouvoir s'y méprendre. Alors le roi vivement ému, leva en pleurant les yeux et les mains vers le Ciel et dit à Martin : « Martin voilà des choses qui ne doivent être connues que de vous et de moi. » Et Martin qui, voyant couler les larmes de son roi ne put retenir les siennes, lui promit le secret le plus absolu » (1).

De retour à Gallardon, Martin est élevé au rang de prophète. En 1832 il jouit à dix lieues à la ronde d'une réputation de sainteté. On fait des pèlerinages pour aller le consulter, une secte se forme dont les membres prennent le nom de **Martinistes.**

Quelques années après son retour à Gallardon, se répandit une version nouvelle de l'entretien des Tuileries selon laquelle le but de sa mission aurait été de reprocher à Louis XVIII d'occuper indûment le trône de France à la place de son neveu.

En 1833 Naundorff arrivait à Paris. Ses amis comprenant alors le parti que l'on pouvait tirer du cultivateur de la Beauce, le prétendu Louis XVII est présenté à Martin qui disait-on ne savait pas quel personnage devait paraître devant lui. Dès le commencement de l'entrevue il reconnaît le Duc de Norman-

____

(1) Pinel in « *Martin le Visionnaire* ».

die, déclare qu'il est bien le Dauphin dont le retour lui a été annoncé. L'enthousiasme des affiliés ne connaît plus de bornes. Ils répandent l'histoire de ces événements et de ces prophéties dans toute la Beauce où s'accréditent avec rapidité l'existence et le retour de Louis XVII. Les souscriptions s'organisent et l'on n'estime pas à moins de quatre millions les sommes qui en l'espace de quelques mois furent remises à Naundorff.

Telle est l'histoire du visionnaire mort à Chartres en 1834 et voici comment elle se rattache à l'Œuvre de la Miséricorde — dont Vintras sera le Chef — précisant l'un des buts qu'elle poursuit, soulignant une fois de plus la sollicitude du ciel pour Louis XVII vers lequel se tournent désormais les regards de la France. La mission de Martin est l'épisode brillant qui se greffe pour ainsi dire sur la tradition plus ancienne de l'Œuvre de la Miséricorde, sœur aînée dont le devoir sera de veiller sur lui. En 1814, « l'Organe de Dieu » dont les révélations guident les membres de l'Œuvre reçoit l'ordre de solliciter un emploi dans la Maison Royale de Charenton pour y recevoir, consoler et soigner Martin que le Gouvernement du roi usurpateur essaie de faire passer pour fou aux yeux du peuple tout ému de sa mission céleste. Aussi son chef devient-il cet infirmier plein d'attentions, ce compagnon fidèle et sûr, grâce auquel l'asile de Charenton sera pour Martin un paisible séjour. Il importe donc de détailler un peu l'histoire de cette Œuvre que nous venons à plusieurs reprises de nommer, pour d'un coup d'œil, saisir le plan de l'édifice dont Vintras sera le couronnement.

Son origine remonte au xviii° siècle. La première révélation fut faite en 1772 à un nommé Loiseaut de Saint-Mandé près Paris. Saint-Jean-Baptiste manifeste à cet homme pieux l'énorme culpabilité de la terre, l'épuration qui en doit être faite et des desseins de la Miséricorde divine. Une société se forme dirigée par ces communication et son chef prend le nom « d'Organe de Dieu ». Cependant, malgré ces faveurs spirituelles, Loiseaut se découragea bientôt du ministère prophétique, et son successeur, qui ne fit que passer, manqua lui aussi d'abnégation.

Une femme simple et ignorante est choisie pour les remplacer : pendant quinze ans elle reçoit la parole d'En-Haut et dirige une petite église de cinq à six cents membres. Au lit de mort de cette femme, qui avait nom Sœur Françoise, Saint-Jean-Baptiste désigne comme son successeur celui qui doit soutenir par sa présence le courage de Martin pendant son séjour à Charenton. Peu d'années après, vers 1810, avant que la mission du précédent « Organe » ne soit complètement remplie, une autre voix se fait entendre, celle de Sœur Salomé. Jusqu'alors, défense avait été faite de rien publier concernant les révélations, mais les temps approchent et Sœur Salomé de la Miséricorde reçoit l'ordre de faire connaître l'Œuvre « aux conducteurs de peuple ».

La vie de cette femme exaltée a comme celle de Vintras, qui fut son successeur, quelque chose de merveilleux. Après avoir reçu en une cérémonie compliquée une sorte de consécration prophétique, elle s'adresse successivement au roi et à la reine d'Espagne avec qui elle aurait formé ce qui est mentionné dans l'Œuvre comme « la première Trinité représentative », puis au Pape et à Napoléon au moment où se prépare la campagne de Russie, annonçant que la chûte de l'Empereur sera la conséquence de son incrédulité.

Ces révélations font quelque bruit. Le Tsar mande auprès de lui cette femme extraordinaire. Elle se rend à la Cour de Russie et y séjourne jusqu'au moment où, inquiets du prestige dont elle jouit, les courtisans décident de la perdre au yeux de l'Empereur. Ce dernier aurait, paraît-il, tenté de faire entrer les gouvernements de l'Europe dans l'esprit de l'Œuvre de la Miséricorde et fait faire « des triangles d'or pur » destinés à être remis aux Souverains qu'il aurait pu convaincre.

En quittant cette Cour, refuge des visionnaires et des thaumaturges, Sœur Salomé revient en France. Elle porte l'avertissement aux grands de la terre presque toujours sans succès, aidée dans sa mission stérile par deux femmes formant avec elle « les Trois Marie de l'Evangile » jusqu'au jour où il lui est dit : « Maintenant repose-toi, un autre va te succéder dans ce même ministère ».

Ce devait être Vintras et avec quel éclat!

CHAPITRE III

LES VISIONS ET LES SONGES PROPHÉTIQUES

Ces faits extraordinaires que Geoffroy lui révéla pendant la période réceptive qui précéda son délire, la vie de Martin, celle non moins étonnante de Sœur Salomé, la pérennité de l'Œuvre de la Miséricorde, furent pour Vintras comme une illumination! Son malaise spirituel prend fin. Tout s'éclaircit! Brusquement il passe de l'obscurité à la lumière. C'est pour lui comme une détente heureuse. Il ne doute pas que la vérité est là. Voilà donc le plan de cet édifice dans lequel son esprit s'était jusqu'alors égaré. Une ère nouvelle commence comme une aurore resplendissante après une nuit trop lourde. Dans cet éblouissement où il voit la succession des Organes qui l'ont précédé, il s'identifie à eux et de toute la force de son désir attend le signe qui lui fera connaître sa mission.

A se nourrir de ce passé et de cette tradition, sa personnalité s'exalte et voilà qu'un jour de cette année 1839, à Tilly, l'Archange Saint-Michel lui apparût.

Le 6 août 1839 — « A 9 heures environ, dit-il, j'étais occupé à écrire, on frappe à la porte de la chambre dans lequelle je me trouvais. Croyant que c'était un ouvrier qui avait à faire à moi, je réponds assez brusquement : Entrez! Je fus bien surpris au lieu d'un ouvrier de voir un vieillard déguenillé;

je lui demandai sèchement ce qu'il voulait. Il me répondit bien tranquillement: « Ne vous fachez pas Pierre-Michel » — Noms dont personne ne se sert pour me nommer.

Cette réponse de mon vieillard me fit une certaine impression mais elle augmenta encore quand il me dit: « Je suis bien fatigué; partout où je me présente on me regarde avec méfiance ou comme un voleur ». Ces dernières paroles m'effrayèrent beaucoup, quoique dites d'un air triste et malheureux. Je me levai et pris devant moi non pas de la monnaie, mais une pièce de dix sous que je lui mis dans la main en lui disant: « Je ne vous prends pas pour cela mon brave homme ». Et en lui disant celà, je lui fis voir que je voulais l'éconduire. Il ne demanda pas mieux et me tourna le dos d'un air peiné.

A peine, eut-il mis le pied sur la dernière marche que je retirai la porte sur moi et la fermai à clé. Ne l'entendant pas descendre, j'appelai un ouvrier et lui dis de monter dans ma chambre. Là, sous un prétexte d'affaire, j'espérais lui faire parcourir avec moi tous les endroits que je jugeais possible de cacher mon vieillard que je n'avais pas vu sortir.

Cet ouvrier monte à ma chambre, je sors avec lui en fermant ma porte à clé et je parcours tous les plus petits réduits. Je ne vis rien. J'allais entrer dans la fabrique quand tout à coup j'entendis sonner une messe? J'éprouvai du plaisir en pensant que malgré le dérangement de mon vieillard je pourrais néanmoins assister à une messe. Alors je courus à ma chambre pour prendre un livre de prières. Je trouvai à la place où j'écrivais, une lettre adressée à Madame de Générés à Londres. Cette lettre était signée et écrite par Monsieur Paul de Montfleury de Caen et contenait une réfutation d'hérésie et une profession de foi orthodoxe. Cette lettre, quoiqu'adressée à Mme de Générés, était destinée à remettre sous les yeux du Duc de Normandie les plus grandes vérités de notre religion catholique, apostolique et romaine. Sur la lettre était posée la pièce de dix sous que j'avais donnée à mon vieillard » (1).

Le même jour Vintras écrit à Alexandre Geoffroy, le fils de son ami, pour lui faire part de la visite reçue le matin. Il ajoute après avoir rapporté l'entretien: « Pendant qu'il me parlait je le regardais attentivement, je crois l'avoir vu quelque part ».

Le 15 août se trouvant à la messe à N.-D. des Victoires, à Paris, le même vieillard lui apparaît de nouveau pendant qu'il prie pour « le Prince ». Il en avise immédiatement Geoffroy.

« A la réception de cette lettre, M. Geoffroy vint à Paris, et servit de lien de communication entre l'Organe cessant, Mme Bouche, Sœur Salomé, et le successeur. Il proposa à Pierre-Michel d'aller voir les trois Marie comme des personnes capables de dis-

____

(1) Abbé Charvoz : « *Le Livre d'Or* ». — Toutes les citations que nous faisons dans le chapitre sont puisées dans cet ouvrage.

cerner ce qui vient de Dieu et dignes d'en être les première confidentes. »

« Le lundi 19 août 1839, dit Vintras, j'étais allé avec M. Geoffroy voir Mme Bouche et Mme de Sérionnes qu'il me tardait de voir arriver. Enfin arrivé au sujet de ces deux apparitions et au moment de quitter ces dames, Mme de Sérionnes me dit : « Quand vous verrez votre bon vieillard envoyeznous le; au moins qu'il vienne nous voir! »

Rendez-vous fut pris le lendemain chez Mme Mauduit qui habitait rue du Petit Bourbon Saint-Sulpice. Vintras entre un instant à l'église, il revoit son vieillard venu pour lui annoncer que tout à l'heure il sera avec lui. Voici comment il raconte les évènements qui suivirent :

« Après cette vision, j'avais un trouble extrême que je ne savais pas trop définir, mais surtout je me sentais un mal de tête affreux. M. Geoffroy ne m'avait pas quitté. Nous montâmes chez Mme Mauduit, j'y restai un peu de temps, mais mon mal de tête me força de sortir afin de reprendre l'air. Lorsque je rentrai chez cette dame, je trouvai Mme Bouche. Nous n'attendions plus que Mme de Sérionnes qu'il me tardait de voir arriver. Enfin arrive Mme de Sérionnes; je lui demande l'état de sa santé. A peine avait-elle fini de répondre à cette politesse que je vois entrer mon vieillard. Je me levais promptement pour aller au-devant de lui, quand tout à coup je le vois devenir brillant à ne pouvoir le regarder et il se trouve élevé au-dessus de nous dans un coin de la chambre. Je me jetai à ses genoux faisant m'a-t-on dit, un acte de dévouement à mon Créateur. Et je dis qu'on me l'a dit, car je ne me le rappelais pas. Ce corps était si beau et si lumineux que malgré une espèce de nuage qui l'enveloppait, mes yeux ne pouvaient y tenir. Je vis M. Geoffroy et ces trois dames réunis en groupe, leurs figures étaient radieuses par la vertu des rayons qui entouraient l'Ange; car ce ne peut être qu'un Ange qui eût tant de gloire. Cependant l'Ange me parût s'élever davantage, et quand il fut bien haut une femme m'apparut, elle était très belle, avait un visage d'une beauté étonnante, ses cheveux étaient longs, ils étaient sur ses épaules. Elle tenait une couronne royale dont les fleurs de lys étaient brillantes comme les rayons du soleil et se tournant vers moi elle me dit d'une voix bien triste : « Non, tout n'est pas perdu ». (1) Alors je sentis mes forces s'affaiblir. L'Ange quitta l'espace et me mit la main sur le front. Tout disparut ».

Le 21 août 1839. — Vintras en compagnie de Geoffroy se rend à la Chapelle Expiatoire. « Je me trouvais, dit-il, le premier du côté où est Marie-Antoinette, reine de France, appuyée sur la Religion. Il y avait environ dix minutes que j'étais à genoux quand je vis le marbre s'animer et prendre vie. Au

---

(1) « La Sœur Salomé dans son découragement, avait, la veille, laissé échapper au sujet du Prince des paroles désespérantes ».

lieu de la Religion, je vis mon vieillard et c'était dans ses bras que la reine cachait sa tête. Tout à coup l'Ange lui leva la tête, elle se décolla du tronc et le sang coula sur un tas de couronnes sales et rouillées. Effrayé, je voulus fuir, mais M. Geoffroy me retint, Alors je vis la reine reprendre le même corps que la veille, il ne resta plus qu'une couronne brillante comme celle de la veille. Elle me dit, dans une profonde douleur; « Ce sont ses amis! les malheureux, ils ont arrêté l'Œuvre de la Miséricorde par leur trop grande présomption dans la bonté divine (1). Le marbre redevint tel, et le bon vieillard vint auprès de moi. « Croirez-vous encore que ce soient des prestiges du démon? » Il frappa son front, alors je vis un triangle d'or sur lequel étaient écrit Trois Jéhovah. Je demandai grâce, je ne pouvais supporter cette clarté. Il redevint le même et me dit : « Insensé que vous étiez, vous doutiez encore après un tel prodige ». A la fin de la messe, Vintras s'entendit appeler Pierre-Michel. Reconnaissant bien la voix, dit-il, je lève les yeux et je vis tomber du haut du groupe de marbre, une bête ayant la forme d'un lézard. « En voilà déjà un » me dit mon vieillard. »

Le 23 août, il prend la diligence pour retourner en Basse-Normandie. « Il y avait environ dix minutes que nous étions partis que me trouvant seul, je cher-

---

(1) « Ces plaintes s'adressent à diverses personnes placées auprès du Prince et qui n'ont pas peu contribué à ses écarts ».

chai un livre pour me distraire... je vis mon vieillard, il me dit: « Regarde donc derrière toi la Ninive prostituée... » Je regardai aussitôt. Je ne vis plus la voiture, mais je vis une quantité de flammes qui environnaient Paris, et j'entendis une multitude innombrable de cris dont quelques-uns étaient : « Aux armes!... » d'autres « Au feu!... » Le reste était tellement confus que j'étais saisi d'épouvante. « Voilà ce qui lui est réservé si elle ne se convertit au Seigneur! » Quoique bien troublé par ce que je venais de voir, je lui demandai quel usage il fallait que je fisse de cette lettre qu'il m'avait remise : « La méditer et la mettre en pratique, dit-il, car cette lettre était dictée par l'Esprit Saint. »

Le 20 août, à Tilly, il eut cette « Vision montrant le prince sous la puissance fascinatrice des démons et comment il en sera délivré. »

« J'avais fait des songes affreux concernant le malheureux prince, raconte Vintras. J'étais tout occupé de ces pensées... Alors j'ai entendu comme un horrible sifflement et je l'ai vu entouré d'une multitude de serpents dont un, prodigieusement gros et long, le serrait dans ses replis tortueux. Il y avait devant lui une glace tenue par un vieillard magnifique tout vêtu de blanc.

Tout à coup, cette glace se trouva tournée de mon côté et je vis le prince calme, paisible, revêtu d'un pouvoir qui n'était borné que par des montagnes de feu et des buissons arides d'où sortaient des milliers de serpents.

J'étais dans une gêne horrible de voir ce malheureux à la puissance de démons. Il se fit un bruit affreux. J'entendis un cliquetis d'armes, puis je vis monter de terre une rosée brillante comme des diamants ; elle était comme de l'eau et du sang, elle portait une odeur d'encens.

Alors le ciel s'ouvrit, il en sortit une multitude innombrable de jeunes cavaliers armés d'épées couleur de feu. Alors les serpents prirent des figures humaines. Le vieillard magnifique se trouva changé en affreux dragon, il se mit à la tête de tous ces serpents à tête d'homme, il adjura le prince de se mettre à la tête de ses armées...

Bientôt la bataille commença. Elle fut terrible. Je vis le prince au milieu du combat. Au moment où il se trouva tomber de cheval, le dragon fit des éclats de rire effroyables et se jeta sur lui avec six autres des siens. Je crus qu'ils allaient le tuer. Mais tout à coup j'entendis un bruit plus terrible que le tonnerre et le même Ange que j'avais vu chez Mme Mauduit apparut avec une épée flamboyante...

Alors l'Ange prononça d'une voix forte : « Voici le règne du Seigneur ! » A peine eût-il dit ces paroles que son épée frappa sur les démons et leur fit faire des hurlements affreux. L'Ange dit au prince : « Levez-vous et regardez en haut. » Il leva la tête, il vit son père et sa mère et la multitudes anges qui devinrent tous brillants comme des soleils. Il tomba de ses yeux des écailles très épaisses. Alors une voix formidable se fit entendre : « Voici celui qui règnera, rempli de l'Esprit Saint. Il chassera les démons en mon nom et portera aux extrémités de la terre l'Œuvre de la Miséricorde ; il apprendra aux impies à respecter le nom du Seigneur et il aidera de sa puissance les chefs de mon église chrétienne. »

Je vis une multitude de peuples qui criaient : « Vive le Grand Monarque en qui repose l'esprit du Seigneur, car il gouvernera avec sagesse, justice et équité ! Vive celui pour qui Dieu a fait de si grandes merveilles ! »

Alors un Ange plus brillant que tous les autres descendit et tirant d'une fiole d'or une espèce d'huile, il oignit le front du prince. Tout a disparu et je suis resté comme pétrifié. Alors mon vieillard s'est approché de moi, m'a touché avec sa croix blanche sur le front et m'a dit : « Voilà quels seront les effets de la Croix de grâce dans les temps de son triomphe : Amen. »

CHAPITRE IV

« Dès que Geoffroy, — qui se nomme maintenant Frère de Jean de la Miséricorde, — fut certain que Pierre-Michel était destiné à régénérer le monde, il emboucha la trompette et courut annoncer la chose au Baron de Razac » (1), son ancien protecteur, qui habitait aux environs de Caen, le château de Sainte-Paix. « Il parla haut des communications de Tilly, des prédictions qui en étaient l'objet, des hautes destinées réservées au fils de Louis XVI et à l'Œuvre de la Miséricorde » (1). Tous ses amis en sont également avertis, car le souffle prophétique de ces révélations, les circonstances qui les accompagnent, ne permettent aucun doute sur l'origine céleste de la mission de Pierre-Michel.

L'existence de ces faits extraordinaires se répand comme par miracle, en Normandie d'abord, puis à Paris où l'Œuvre de la Miséricorde compte encore des fidèles. A une époque où la société cherche à reprendre son équilibre après les grandes secousses dont le souvenir ne s'est pas encore effacé, chacun songe à un nouveau Martin. On se rend à Tilly. Les uns en reviennent sceptiques, mais beaucoup sont gagnés par la foi qui émane du prophète.

---

(1) Abbé Bouix: « *L'Œuvre de la Miséricorde* ».

Pour faire connaître à la France entière les malédictions qui pèsent sur elle, avec le moyen de s'y soustraire, le ciel ordonne aux fidèles, par l'intermédiaire de l'Organe en extase, de faire paraître une publication intitulée : « Opuscule sur les communications concernant l'Œuvre de la Miséricorde ». C'est une manière de résumé dans lequel la nécessité d'une rénovation religieuse est exposée ainsi que son but : « Une vague inquiétude, y est-il dit, règne dans la société... chacun sent que tout se meurt... Ceux qui réfléchissent encore se demandent d'où viendra le salut... Le monde a besoin d'une régénération. Gloire à Dieu qui dans cette profonde misère va tirer de son cœur compatissant une nouvelle rosée vivifiante pour renouveler encore la face de la terre ! Une œuvre prodigieuse de miséricorde était en réserve dans les trésors de sa bonté pour les temps de ténèbres spirituelles où l'Eglise paraîtrait stérile d'élus ».

Voilà la vérité ! Et d'une phrase l'Organe écrase les imposteurs, — avec lesquels il craint sans doute d'être confondu, — qui, depuis le début du siècle, ont dans une voie analogue entraîné quelques prosélytes. Le passage mérite d'être cité comme modèle d'interprétation : « Pourquoi Satan a-t-il suscité de nos jours tant de religions nouvelles, tant de sectes : Châtellistes, Saint-Simoniens, Templiers, etc... Ce n'est pas pour se faire de nouveaux adorateurs, ils lui appartenaietn déjà les fauteurs de ces monstruosités. N'en doutez pas, Satan voulait accumuler des nuages au berceau de l'Œuvre de la Miséricorde, et préparait les fidèles à la repousser à sa naissance en la rangeant parmi les erreurs qu'il enfante tous les jours. » Jugeant la concurrence réduite à néant, l'auteur peut en toute liberté présenter Vintras. « Il était dans les desseins de Dieu de choisir pour cette Œuvre un homme vivant au jour le jour de son travail, un esprit naturellement juste, plus éclairé par la religion que par la science humaine. » Et ce fut à Tilly que le ciel alla chercher cet homme, « car la terre est au Seigneur et l'esprit souffle où il lui plait ».

La réputation de Vintras grandit ! Ses révélations concernant Louis XVII se répandent parmi les Naundorffistes qui, sachant l'influence prodigieuse de Thomas Martin, voient apparaître avec bienveillance le nouveau visionnaire. Les plus zélés viennent grossir les rangs de ses adeptes. Pour beaucoup la réforme religieuse passe au second plan, bien que dans l'Opuscule on ait eu soin d'ajouter cette phrase prudente : « Aux yeux du Seigneur qui n'a placé l'homme sur la terre que pour lui faire regagner le royaume qu'il a perdu, c'est bien peu que le nom ou la forme d'un règne. »

La manœuvre des Naundorffistes exaltant le prophète est assez visible cependant pour qu'un journaliste de Caen ne craigne pas d'écrire dans « Le Haro », dont le nom indique assez le caractère, ces lignes que nous citons sans en rien changer : « Il est très vraisemblable que l'idée politique et l'idée religieuse même ne sont pour beaucoup qu'un prétexte d'exploitation, mais il est certain aussi qu'elles sont devenues pour beaucoup d'autres, une voie qui conduit à la reconnaissance de Naundorff comme Duc de Normandie et fils de Louis XVI ; ils sont d'autant plus portés à se faire illusion sur la possibilité de l'avènement de ce prétendu Prince, qu'ils sont persuadés qu'ils y trouveraient une position sociale qui leur est refusée dans tout autre ordre de choses... Il faut qu'ils fassent prévaloir cette idée par tous les moyens ; si la terre leur manque le ciel est là pour y suppléer. Ils regardent même comme très permises leurs fraudes, qu'au besoin ils appelleront pieuses, pour faire triompher ce qu'ils ont intérêt à croire la vérité... Cela nous explique l'intérêt qu'un grand nombre de personnes, très honnêtes d'ailleurs, portent à Vintras quoiqu'elles sachent très bien à quoi s'en tenir sur la divinité de sa mission. »

Le rédacteur de ce journal a raison en ce qui concerne Naundorff, mais il a le tort de ne pas donner une part suffisante à l'idée religieuse qui, pour Vintras, est primordiale.

Les miracles d'ailleurs ne manquent pas pour attirer de nouveaux disciples et augmenter l'ardeur de ceux qu'ils ont su retenir. Le prophète donne généreusement à ceux qui l'entourent, la nourriture spirituelle qu'ils sont venus chercher. Même il a fait installer dans son moulin de Tilly un autel dans le tabernacle duquel affluent de tous les coins de la France, « s'arrachant aux mains impies », des hosties exposées aux profanations. Elles se teintent de sang, des cœurs s'y dessinent et saignent en abondance, des calices vides se remplissent d'une façon mystérieuse, et le prophète ne dédaigne pas d'être lui-même l'objet du miracle.

Voici un tour dont il s'avisa : « Un jour revenant à pied de Caen à Tilly il fut rejoint par un certain propriétaire de biens charnels qui se rendait à ce bourg en voiture. Le propriétaire assez favorablement disposé pour le prophète lui offrit une place à côté de lui.

— Je vous remercie, Monsieur, lui répondit Vintras en souriant, je serai à Tilly avant vous.

— Comment celà !

— Allez, Monsieur, et que Dieu ait pour vous la même bonté que vous vouliez avoir pour moi.

« Le propriétaire de biens charnels fort étonné de cette parole et cachant dans son cœur le désir de mettre la prophétie de Vintras en défaut, fouetta son cheval et en très peu de temps fut arrivé à Tilly. La première chose qu'il fit ce fût d'aller à la maison du révélateur pour l'y attendre à venir.

« Quelle ne fut pas sa surprise ? Il l'y trouva en prière au pied de son autel domestique. A partir de ce moment il fut de ceux qui le suivirent. »

« Je sais bien ce qu'on dit à Caen de cette aventure. On dit que Vintras, en fin matois, se cramponna derrière la voiture et qu'ainsi tout s'explique facilement. »

Et l'auteur de la France mystique où nous prenons cette anecdote ajoute avec indignation : « Mais je le demande, à quels misérables subterfuges les impies

Bas-Normands sont-ils obligés d'avoir recours, pour pouvoir nier avec quelque apparence de raison le don que le ciel accorde à ses servieurs. »

Voilà un noble courroux qui dédommage le prophète des lignes écrites par le précédent chroniqueur.

« Les conceptions délirantes, dit Macé, présentent en général l'empreinte du milieu dans lequel vit le malade et varie singulièrement selon l'époque, les préjugés sociaux, les idées règnantes. » Vintras n'avait pas été le seul à ressentir le malaise religieux qui pesait sur la France de son époque. Des âmes, comme lui assoiffées d'idéal, désiraient une évolution, un renouveau qu'elles ne précisaient pas et qui pouvait bien être cette Œuvre de la Miséricorde dont on commençait à parler.

Les phrases sur : « le marasme du monde » qui doit périr « si le ciel ne vient par des prodiges rallumer le feu sacré qui se meurt » trouvent en elles un écho.

« De même, dit Prosper Despine, que la résonnance d'une note musicale ne fait vibrer la même note que dans les tables d'harmonie susceptibles de la donner, de même aussi la manifestation d'un sentiment, d'une passion n'excite le même élément instinctif, le mettant en activité, le faisant vibrer pour ainsi dire, que chez l'individu susceptible par sa constitution émotive de l'éprouver plus ou moins vivement. »

Le succès de Vintras n'était donc possible qu'à une heure favorable et celle où il apparaissait l'était entre toutes.

En ces matières difficiles et sublimes, certains esprits dont les préoccupations sont semblables, se laissent entraîner par une ardeur dépourvue de sens critique, pour en arriver aux pires inconséquences. Ils trouvent dans les prophéties, dont quelques-unes sont dignes de l'Ancien Testament, une nourriture qui convient à leur chimère, et l'on ne peut dénier à celui qui les a dictées, au milieu d'ailleurs d'un fatras incroyable, une parcelle de génie.

L'obscurité même de certains passages qui s'entourent de mystère, fait peut-être une partie de leur force et la trouble musique des mots, dans laquelle chacun puise ce dont il a besoin, parle mieux à l'âme que ne saurait le faire un langage plus clair.

Ce n'est pas un vulgaire imposteur que ce Vintras et ses prétendus miracles qui ravissent ceux qui en sont les témoins le prouvent également !

Le but à atteindre est immense, presque insensé. mais certains sont séduits par l'invraisemblance même et le merveilleux, au point qu'ils remercient celui qui les dupe du bonheur qu'il leur donne d'espérer.

On ne s'étonnera pas que des prêtres attirés par la curiosité de tant de merveilles, ou venus pour en combattre l'auteur, aient été troublés par le sublime et la force d'attraction qui émanait de Vintras jusqu'à tout abandonner pour lui. Quelques conversions bruyantes, flétries comme il convenait par les évêques dont la responsabilité leur en faisait un devoir, vinrent ajouter au renom de la secte naissante.

« Une idée qui n'est qu'une idée, dit Ribot, un simple fait de connaissance ne produit rien, ne peut rien. Elle n'agit que si elle est sentie, s'il y a un état affectif qui l'accompagne, si elle éveille des tendances, des éléments moteurs. »

Les idées que Vintras s'efforçait de répandre, où s'opposaient la grandeur des malédictions et la promesse des récompenses n'en manquaient certes pas, comme le démontre le texte suivant :

« Les montagnes s'écroulant avec fracas enseveliront en un instant de vastes étendues de terrain. La mer, dont les flots en fureur s'élèveront jusqu'aux nues, ouvrant alors ses larges flancs, précipitera dans ses gouffres profonds tout ce qui sera sur sa surface. Des villes nombreuses tomberont sous le glaive. Le sang remplira les ruisseaux comme les remplit un grand orage. Le Seigneur prépare ces événements terribles en ôtant aux chefs de son peuple la force, le courage, la prudence et l'autorité. C'est pourquoi le grand monarque, petit-fil de Saint-Louis, vrai fils des martyrs des punitions dernières sera le régénérateur de mon Église chrétienne. »

Tel est le tableau des châtiments nécessaires. La voix ne cesse de les décrire que pour rendre plus douce encore, par un saisissant contraste, la miséricorde du Seigneur, et que détient Vintras. Il est simple de se mettre à l'abri de tant d'horreurs. Tout vous y invite ! L'orage passé, Louis XVII régnant, les les fidèles seront comblés des faveurs de la terre, en attendant la récompense infinie du ciel. Comment résister à de telles espérances !

Ainsi la réputation de Vintras allait grandissant. A vivre dans ce milieu mystique créé par sa pensée, celle-ci s'exalte, de même que son orgueil devient sans limite. Il puise dans la vénération de ses dévôts des pensées semblables aux siennes, celles qu'il y a mises magnifiées par leur foi et qui lui sont de nouveaux matériaux pour accroître encore son délire dont le développement ne connaît plus de bornes. Il s'érige en réformateur non seulement des disciplines de l'Eglise, mais encore du dogme. Voici un exposé de ses conceptions neuves extrait d'un ouvrage intitulé le « Livre d'Or » qui fut écrit par un disciple sous l'inspiration du prophète:

Le règne prochain de l'esprit : « Le Seigneur va représenter la Trinité divine par le partage en trois temps de la durée totale du monde et ces temps porteront chacun leurs caractères distinctifs : le premier un caractère de foi et de crainte, ce sont les temps du Père; le second un caractère de grâce et d'espérance, ce sont les temps de Jésus-Christ; le troisième un caractère de charité et d'amour, ce sont les temps du Saint-Esprit. C'est pour ce troisième temps qu'est réservée l'Œuvre de la Miséricorde. »

Et le Livre d'Or fait ainsi parler l'Archange Saint-Michel : « Les temps ne sont pas loin où le Dieu d'amour leur fera voir à ces nouveaux Pharisiens (ceux qui refusent de croire à l'Œuvre de Miséricorde) qu'ils doivent encore en apprendre. Quand le grand concile universel sera établi et que moi, l'Ange du Seigneur mon Dieu, ferai sortir du nouveau Vatican ce qui reste encore à connaître des bontés de Dieu saint et miséricordieux, ils verront combien ils ont été aveuglés. »

L'homme est trinaire, c'est-à-dire composé d'un ange déchu, d'une âme et d'un corps.

« Parmi les anges devenus coupables, les uns se repentirent, les autres s'obstinèrent. Ceux qui s'obstinèrent furent condamnés aux peines éternelles de l'enfer, ceux qui se repentirent furent destinés à devenir des hommes et à expier leur faute par leur union à une âme humaine et à un corps matériel. Il en résulte que chaque homme est un de ces esprits repentants, uni à un corps et à une âme. »

Les disciples trouvés, Vintras ne s'en tient pas aux simples paroles : il donne à l'Œuvre de la Miséricorde une organisation. « A cet effet (1), les fondateurs créèrent sous le nom de « septaines » des centres d'action correspondant les uns avec les autres et travaillant en commun à propager la foi en l'Œuvre de la Miséricorde et à lui faire des prosélytes. Des septaines furent établies à Paris, au Mans, à Tours, etc., etc. Elles se composaient ainsi que le nom l'indique de sept individus, les gros bonnets de l'association. Une seule avait un plus grand nombre de membres : c'était la septaine sacrée dont le siège était à Tilly. Elle primait toutes les autres et avait pour

---

(1) Abbé Bouix: « *L'Œuvre de la Miséricorde* ».

objet de maintenir l'unité d'action et de prévenir tout schisme dans l'Œuvre. Elle avait à cet effet le don d'infaillibilité. Ses décisions devenaient actes de foi. Les autres ne pouvaient rien arrêter, rien conclure ; tout ce qu'elles recevaient devait être renvoyé à la septaine sacrée afin que celle-ci décidât souverainement sur ce qu'il fallait admettre ou rejeter.

« Au-dessus, de cette septaine se trouvait une sorte de haute junte dont elle formait le conseil et qui se composait de Pierre-Michel, de Geoffroy père et fils. S'il survenait quelque difficulté, si une discussion s'établissait sur un point quelconque, il y avait un moyen sûr et prompt d'en finir : Pierre-Michel tombait en extase, Saint-Joseph venait en toute hâte l'illuminer, l'obstacle était levé et toute dissidence d'opinion disparaissait à la voix de l'oracle.

« Les trois membres de la junte supérieure avaient, dit-on, des costumes de moines, blancs avec bandes et revers rouges et un capuchon. Les deux acolytes de Pierre-Michel avaient pour ceinture des cordelières blanches et rouges ; le prophète seul avait une cordelière blanche, sans doute comme symbole de toute pureté. Ces objets sont, ajoute-t-on, entre les mains de la justice qui aurait, indépendamment de ces travestissements, trouvé des vases et objets de sainteté qui possédaient des vertus extraordinaires (1) : c'est un ciboire où les hosties se multipliaient

____

(1) On peut voir actuellement dans le Trésor de la Cathédrale de Bayeux, différents objets ayant servi au culte Vin-

indéfiniment : c'est un reliquaire en forme de **croix**
qui contient une hostie ensanglantée au contact de
laquelle s'imprégnaient de sang des pièces entières
de calicot : et ce qu'il y avait de plus remarquable,
c'est que la tache de sang représentait toujours un
cœur embrasé. Grâce à cette vertu on avait une
amulette à donner à chaque membre de l'association,
quelque extension que prit l'Œuvre de la Miséricorde.

« Pierre-Michel lorsqu'il quittait la fabrication du
carton pour se livrer à celle des miracles avait au
doigt un anneau de la Grâce sur le chaton duquel
était figurée une croix blanche sur fond noir. Indépendamment de cet anneau qui a une origine mira-
culeuse, Pierre-Michel porte, assure-t-on, sur la poi-
trine, un médaillon également miraculeux, **car** tout
ce qui le touche et ce qu'il touche tient du **prodige.**
Il possède encore d'autres médaillons de confection
divine. Interrogé par ses frères et apôtres sur le métal
précieux qui avait servi à fabriquer ces divers médaillons, il répond que la matière dont ils sont formés
provient de monnaies prises par les anges dans les
troncs d'église pour les remettre à la Vierge. Enfin,
chaque associé portait comme signe distinctif de la
société, un ruban bleu dans le tissu duquel était **écrit**

---

trasien, notamment, un calice de verre gravé, monté sur un
pied de bois, dans lequel sont enchâssées de petite mé-
dailles de la Vierge; un ostensoir dont la tige représente une
statuette de la Vierge incrustée de perles de couleurs.

en caractères blancs : « Marie est Immaculée, pure et sans tache. »

Enfin, voici la description de la chambre-chapelle que Vintras s'était fait installer au moulin de Tilly :

« A droite auprès de la porte est un autel consacré au Sacré-Cœur de Jésus. Sur cet autel un tabernacle en velours cramoisi orné de galons et de franges d'or dans lequel était enfermé un ciboire en argent. C'était dans ce ciboire que se multipliaient surnaturellement les hosties dont Vintras faisait des cadeaux à ses fidèles. Sur ce tabernacle entouré d'un assez grand nombre de flambeaux à girandoles dorés était posé un reliquaire en forme de croix, en cuivre ou en argent doré. Dans ce reliquaire, était placé une hostie ensanglantée apportée d'Agen, hostie dont Vintras faisait à volonté couler le sang comme d'une source intarrissable et à l'aide de laquelle il fabriquait avec de petits morceaux de batiste ou de percale, des cœurs de sang plus ou moins barbouillés dont il gratifiait dans les grandes circonstances, les frères et les sœurs privilégiés. Au pied de cet autel, étaient deux coussins de tapisserie, sur l'un desquels était brodé le nom de Trephénaël et sur lautre celui de Strathanaël.

« Ceux des cœurs ensanglantés dont on n'avait pas disposé étaient mis en dépôt dans un ciboire sur un autel de la Vierge dressé en face du Sacré-Cœur. Sur cet autel, beaucoup plus modeste que l'autre, est placée une statue de la Vierge de moyenne grandeur, voilée et parée très convenablement. Au bout d'un ruban de soie bleu-ciel passé à son cou et sur lequel sont tracés ces mots : Marie est vierge, pure, immaculée et sans tache, est suspendu un gros cœur en argent ou en vermeil dans lequel, dit-on, sont renfermés les noms d'ange des adeptes. C'était sous la protection de cette Vierge qu'était placé le ciboire aux cœurs de sang.

« Au fond de l'appartement, à gauche on voit un petit autel plus simple que les deux autres sur lequel on remarque une statuette en bronze de l'Archange Saint-Michel armé de pied en cap. En face se trouvent deux lits placés pied à pied : Vintras et son épouse qu'il avait placée dans l'ordre céleste des « Invincibles » occupaient un de ces lits et la patriarche Sœur Marthe occupait l'autre. Au milieu de ces lits et de ces autels étaient appendues au plancher trois petites lampes continuellement allumées. Elles étaient disposées triangulairement et c'était probablement Sœur Marthe, en sa qualité de gardienne de cet étrange sanctuaire, qui, moderne vestale, était chargée d'entretenir ce feu sacré. »

Comme il est dit plus haut, chaque adepte avait son nom d'ange, ce qui découle tout naturellement de l'idée que Vintras se faisait de la nature humaine, l'homme trinaire étant composé d'un corps, d'une âme et d'un ange déchu. Voici quelques exemples de ces noms: Jéhoraël, Docédhoël, Azoléthaël... Tous se terminent en aël. « Cette désinence, dit Stanislas de Guaïta, constitue la raison sociale de l'établissement. » Vintras se nomme Strathanaël.

Ces anges sont d'ailleurs embrigadés suivant leur provenance angélique ce qui donne une infinité de groupes : Glavataires... Virginitaires... Voxataires... Donataires, etc...

Tout en haut de l'échelle viennent les Pontifes : Pontife de Cordiale et Sainte-Effusion, Pontife de Cordiale de Sainte-Unification, de Prudence, d'Adoration, de Sagesse, de Régénération, etc... Ainsi avec ses septaines, ses légions angéliques, ses dignitaires, son culte et son sanctuaire, s'organise l'Eglise Vintrasienne.

CHAPITRE V

ACTION SOCIALE ET PROCÈS

Tilly est devenu le fief de Vintras. Il y tient comme
une petite cour où, en outre des simples dévôts, figurent presque toujours quelques pontifes venus le vi-
siter, ou d'autres dignitaires de la Miséricorde. Ainsi
s'élève-t-il encore à ses propres yeux, dans une atmosphère de grandeur fictive qui lui fait perdre toute
notion du réel. On vient le consulter et il rend ses
oracles.

Tant de bruit autour de l'ouvrier prophète qui fait
passer dans ce vallon normand comme un vent de
folie religieuse, ne peut laisser l'Eglise insensible et
hors de la question. L'évêque de Bayeux se refuse tout
d'abord à ordonner une enquête officielle sur les miracles de Tilly. Sa conviction est faite. Il se contente
d'envoyer aux prêtres de son diocèse des instructions
et des conseils de prudence, ne voulant pas, par une
condamnation bruyante, ajouter à l'éclat d'une secte
dont il espère, sans scandale, arrêter les progrès.

Mais Vintras répond, demande à être jugé par un
tribunal ecclésiastique, s'indigne, écrit à l'évêque et
s'attire après une enquête minutieuse de la part du
prélat, une condamnation officielle en date du 8 novembre 1841. Il est également condamné dans le diocèse de Tours et bien plus tard enfin par les papes

Grégoire XVI — lettre du 8 novembre 1843 — et Pie IX qui, en son bref du 10 février 1851, qualifie ainsi la secte de Vintras: « Une abominable association qui se revêt d'une ostentation de vertu ».

Après l'intervention de l'évêque de Bayeux se produisirent des défections, parmi lesquelles la plus sensible à Vintras fut celle du baron de Razac, dont le nom et la situation avaient à ses débuts donné quelque crédit à l'Œuvre de la Miséricorde. Dans une lettre du 7 avril 1842 adressée à l'évêque, postérieure de quelques jours à celle qui lui apportait leur soumission, M. et Mme de Razac écrivaient : « Nous avons peine à concevoir maintenant que nous ayons pu nous confier à tant de fourberie ». Ces abandons, publiés par les ennemis de Vintras, eurent un **grand** retentissement en Normandie. Etait-ce un évènement de ce genre, jetant le trouble à Tilly, et calmant l'enthousiasme, que le gouvernement, inquiet de l'extension du mouvement naundorffiste, attendait pour intervenir...? Si l'on rapproche la date de l'arrestation de Vintras — 8 avril — de celle de la rétractation du baron de Razac qui eut lieu le 2 du même mois, on ne peut s'empêcher de le croire.

Au dire de l'Abbé Charvoz, auteur du livre intitueé : « *Les Prisons d'un prophète actuel poursuivi par tous les pouvoirs* », le Procureur du roi, escorté du Juge d'instruction et de dix gendarmes se rendit au moulin de Tilly pour arrêter le prophète et se livrer à une perquisition.

« Il pouvait tout saisir, dit-il, la visite n'était pas

attendue ni soupçonnée si tôt; rien n'était caché. Mais Dieu se chargea de lui dérober tout ce qu'il ne voulait pas laisser saisir. Les habitants de ce lieu de prières ont constaté des miracles bien significatifs! Que diraient MM. du parquet s'ils apprenaient que leurs yeux n'ont pas vu, que leurs mains n'ont pas senti des objets précieux qui étaient très à découvert et sur lesquels leurs yeux et leurs mains se sont promenés dix fois? Dieu ne leur a laissé voir et prendre que ce qui devra servir à leur condamnation et à celle de leur maitre. Taisons-nous encore sur cette assistance du pouvoir divin. Il n'est pas écrit que ce soit leur dernière tentative ».

Arrêté, le 8 avril 1842, Vintras fut jugé par le tribunal correctionnel de Caen en ses audiences des 19 et 20 août et condamné à cinq ans de prison et mille francs d'amende pour escroqueries en vertu de l'article 405 du Code pénal. En novembre de la même année Vintras qui a fait appel, voit sa peine maintenue.

De tout le procès Vintras, il ne nous reste que la plaidoirie de son avocat affilié à l'Œuvre, partisan convaincu de Naundorff, et quelques passages du réquisitoire.

Il est bien regrettable que son dossier de correctionnel, qui, en outre des enquêtes de police contenait si l'on en croit l'Abbé Charvoz les pièces saisies à Tilly, notamment le *Journal des Miracles*, la copie des révélations, le résumé des extases, ait été perdu. Avait-on intérêt à le faire disparaître? Est-il entre les mains d'un disciple ou d'un amateur? Il est impossible de le savoir. En tout cas il demeure introuvable.

Une impression semble se dégager des quelques documents imprimés que nous avons eu entre les mains. C'est que le gouvernement voulant se débarrasser d'un\ agitateur qu'il juge néfaste, Vintras a été condamné par ordre, les victimes de ses escroqueries n'ayant pas porté plainte.

Le maître et les disciples s'inclinèrent devant cette deuxième condamnation. « Cette croix m'avait été prédite » dira Pierre-Michel.

Ce fut une sombre période pour cette âme ardente et tourmentée. Dans ses nombreuses lettres, il se plaint des vexations et des mauvais traitements qu'il subit, et fait un petit délire de persécution, amorcé au moment de ses démêlés avec les autorités écclésiastiques.

Pendant la messe et les instructions religieuses qui ont lieu chaque semaine pour les détenus, les deux aumôniers le calomnient, l'insultent, excitent tout le monde contre lui. Mais les Anges viennent donner à Pierre-Michel la communion que lui refusent les prêtres. Ses extases et ses révélations continuent. A un an d'intervalle les deux aumôniers de la prison meurent après une courte maladie. Vintras y voit la justice de Dieu vengeant son serviteur.

A toutes ces persécution s'en ajoute une autre. Le directeur de la prison lui infligea, comme sanction disciplinaire, huit jours de cachot dont il eut été préférable qu'il ne se plaignit pas, afin de ménager quelque peu sa réputation de saint homme.

Il avait fait la connaissance en prison d'un jeune soldat de l'infanterie de marine, d'origine créole, qu'il convertit aisément à la nouvelle doctrine. Là ne se borna pas l'initiation de celui que dans ses lettres il nomme l'Ange des Tropiques, de son nom révélé Azzoléthaël. L'intimité dans laquelle ils furent un jour surpris, ne laissa aucun doute sur la nature des liens qui les unisssaient; d'où cet infâme cachot qui éleva Vintras à ses propres yeux et à ceux des sectateurs. — ignorant les motifs qui lui avaient valu cet accroissement de peine — d'un degré encore dans la voie du martyr.

Il se console en écrivant à son disciple favori « l'Ange adorateur », « le doux Jéhoraël » des lettres où, sous un style ampoulé comme à l'ordinaire, se dissimule à peine à l'égard du « tout aimé Jého » un sentiment plus vif que celui qui d'ordinaire unit les maîtres et les disciples. « Lorsque mes affections cherchent les tiennes, lui écrit-il, tout est en feu, et je suis près de toi! Je plonge alors dans une mer de flammes dont chaque vague est une lame bouillante. Les jouissances célestes nous voyant dégagés de nos sens et de leur rudesse descendent sur nous, elles nous enivrent d'une sainte et divine volupté ».

Il semble que ce soit en 1840, à Tilly, qu'eurent lieu les premières manifestations connues du vice de Vintras.

Un de ses anciens partisans Gozzoli, **Naundorffiste**

acharné revenu de sa double erreur, lui consacra une série de brochures et à Vintras notamment, celle intitulée :

« Le Prophète Vintras et les saints de Tilly-sur-Seulle — avec ce sous-titre. — « Un témoin de leurs turpitudes obscènes ».

Cette brochure fut écrite avec l'aide du jeune Jéhoraël le premier initié, qui renia Vintras, après bien des années de fidélité à l'Œuvre de la Miséricorde. Nous lui empruntons le passage suivant : « Ses sommeils extatiques-divins — il s'agit de Vintras — venaient de commencer. On entourait son lit pour recueillir les paroles qui lui échappaient pendant leur durée. Le prophète voulut que Jéhoraël prit place à ses côtés. Quelle ne fut pas la surprise du jeune disciple quand la main du prophète vint s'égarer sur sa personne de la façon la plus impudique et cela en présence des assistants émerveillés, qu'il entretenait du ciel, de la magnificence des demeures incrées et de la beauté future de la terre régénérée par le Saint-Esprit » Ces manifestations de l'extase se renouvellent plusieurs fois. Puis rejetant toute contrainte, le prophète révèle à son disciple « les ineffables mérites » du « sacrifice d'amour ».

Bientôt le doux Jéhoraël ne suffit plus à ses transports.. Le cercle des initiés s'étend. Et la Chambre-chapelle du moulin de Tilly aurait été le théâtre de scènes « mystico-lubriques » analogues à celles que Huysmans, étudiant l'occultisme, décrit dans son livre intitulé : « *Là-bas* ».

L'empreinte dont il a marqué ses « initiés » — agissant toujours au nom du ciel — est loin de s'effacer pendant les années d'absence. Dirigé par un malheureux prêtre, le cénacle de Tilly devient un véritable « lupanar-mystique » où, sous de pieux prétextes, se commettent les pires obscénités.

« Mais les débordements des initiés parviennent à la connaissance de simples croyants « trop faibles de spiritualité pour boire à la coupe des vins forts ». Emus et scandalisés, ils en réfèrent au révélateur captif et Vintras désavoue le pasteur Ruthmaël, le déclarant coupable d'interprétation inexacte ».

De sa prison, Vintras ne cesse d'écrire à ses amis pour soutenir leur foi, leur communiquer ses songes, ses révélations; à ses correspondants lointains qu'il guide et aux détracteurs de son Œuvre, aux yeux desquels il la justifie.

Pour soutenir l'œuvre, il fonde, par l'intermédiaire de ses disciples, une revue intitulée : « *La voix de la Septaine* » dont le but est de faire connaître et de défendre la doctrine. Voici d'ailleurs l'ordre donné par le Seigneur :

« Les ennemis de mon nom se l'étant déclarés de mon œuvre, en attaquant ouvertement ceux que je faisais instruire en secret, ont avancé le temps de la colère divine. Leurs armes sont le ridicule, le sarcasme, le mépris; leurs pamphlets, leurs dérisions chaque jour se propagent. Dois-je chez Hérode me tenir toujours? Non! La vérité s'éteint des esprits et de l'âme, la défense est fermée à ceux que l'on attaque ; qu'ils forment une voix, qu'ils l'appellent Septaine!... »

Son délire, semble-t-il, est à son apogée. Sa même idée fixe absorbe toute son énergie mentale. Elle constitue maintenant à elle seule sa personnalité et tous les phénomènes psychiques gravitent autour d'elle. Riche à son début de l'héritage de Martin et de Sœur Salomé, son délire s'est encore accru par la méditation, les apports journaliers, le développement de son imagination et de son intelligence accoutumée peu à peu à un travail plus subtil. On hésiterait à citer certaines élucubrations dont il est l'auteur si l'étude médicale que nous nous proposons ne nous le permettait. Voici, l'une d'elles que nous empruntons toujours à Gozzoli, auteur cité plus haut, et que nous résumons.

La Comtesse d'A..., issue d'une vieille famille de l'Ouest, avait pris part étant encore enfant aux tribulations des siens combattant en Vendée. Naundorffiste, elle devint l'une des plus fidèles admiratrices de Vintras. L'aveuglement de cette femme fut incroyable. Vintras lui persuada qu'elle serait une nouvelle Jeanne d'Arc devant conduire son roi Louis XVII jusqu'au trône de Saint-Louis. Elle devait même restaurer le royaume de Pologne et lui donner un roi.

Des révélations d'une autre nature et non moins étonnantes suivirent l'annonce de cet avenir radieux ! Il lui confia, qu 'elle, Dhocédoël, et lui, Strathanaël, ayant été unis comme époux dans le ciel avant de venir sur la terre, le Tout-Puissant voulait qu'ils le fussent de nouveau ici-bas. La conduisant de surprise en surprise, il lui apprit que Dieu avait béni leur union céleste et qu'il en était né un ange, fruit de leurs chastes amours. Or, cet ange était lui aussi incarné sur la terre, bien plus, il se trouvait en France, enfin, faveur inouïe, son père venait de le retrouver à la prison de Rennes. C'était ce fameux Azzolethaël, l'ange des Tropiques, dont nous avons dit plus haut les progrès rapides dans la religion de son père céleste !

Dhocédoël enthousiasmée brûle de le connaître. Hélas! sorti de prison, ce fils tant aimé se transforma en un maître chanteur, qui coûta fort cher et dont on eut toutes les peines du monde à se débarrasser.

De sa prison, il décerne à Dhocédoël les titres de Reine et Pontife, cependant que l'Ange Raphaël le pare, lui Vintras, de la « Thiare de Melchissédech et d'Elie ». Il n'est plus le simple Organe de Dieu, il est Elie lui-même revenu sur la terre avec le pouvoir de la miséricorde divine, le nouvel Elie qu'annoncent depuis toujours les Ecritures.

Elias Jam venit, et Venturus est !

En 1847, il quitte la prison de Rennes et regagne Tilly. Ses cinq ans d'absence ont été vaillamment supportés par ses fidèles. Mais malgré leurs efforts, leurs publications, la voix de la Septaine, ils n'ont pu répandre avec un égal succès leur doctrine : il manquait le maître et les miracles.

L'Œuvre de la Miséricorde a reçu un coup fatal. L'enthousiasme qu'elle suscitait et qui faisait sa vie, voit son ardeur décroître. Groupés autour du prophète revenu parmi eux, ceux dont la foi n'a pas faibli désirent avec une ardeur qui se teinte d'impatience, la venue du jour terrible des malédictions et pour eux de triomphe.

Annoncé depuis longtemps, le voici venir enfin. Ce jour arrive, il vient... il passe, et les fidèles voient s'éloigner les récompenses vainement attendues.

« C'est que la veille de ce jour fatal, Vintras s'est jeté aux pieds du Seigneur pour lui demander la grâce du monde. Dieu n'a pu refuser ce nouveau délai à son prophète afin de laisser au monde le temps de se repentir, et le glaive est tombé des mains de l'Ange exterminateur ». (1) Cette comédie fut jouée bien des fois avec le même succès par Vintras de plus en plus enivré de grandeur.

Il a consacré à l'aide d'un baume descendu du ciel trois évêques qui portent déjà leur costume épiscopal. Dhocédoël et quelques autres Prétresses Pontifes, bizarrement costumées, officient selon ses rites. Lui-même célébrant ses mystères « porte (1) sur la tête un diadème d'or surmonté d'une croix. Il a au doigt un anneau pontifical. Il est revêtu d'une longue robe rouge bordée de blanc et d'un grand manteau rouge. Il a un camail de la même couleur et une étole bleue portant cette inscription « Marie est vierge, immaculée, pure et sans tache ». Jamais ses

---

(1) Gozzoli « *Le Prophète Vintras et les saints de Tilly-sur-Seulle* ».

visions n'ont été plus magnifiques. Le jour de Pâques 1848, le Seigneur lui apparaît à St-Eustache à Paris, revêtu des ornements qu'il devra porter désormais, car il vient d'être promu dans la hiérarchie céleste « Pontife Adorateur et Pontife d'Amour ».

« Sa tête, dit-il, parlant du Christ, était ceinte d'un diadème surmonté d'un croissant (2) ». Suit la description d'un costume compliqué et somptueux.

Relatant la fin de sa vision il ajoute : « Et une foule innombrable d'esprits se répandent dans les saints espaces en chantant un cantique composé par moi. Le Verbe était radieux ».

On sait peu de chose sur la fin de Vintras, si ce n'est qu'il fut exilé, vécut à Londres où il fit de nouveaux adeptes et où ses fidèles de Tilly allaient en pélerinage. Il revint en France, se fixa à Lyon, où il passa les dernières années de sa vie, toujours officiant et faisant ses mêmes miracles au « Carmel » de Monplaisir.

---

(2) Abbé **Hery** « *Les Précurseurs de l'avènement intermédiaires de Jésus-Christ* ».

CHAPITRE VI

Telle est l'observation de Pierre-Michel Vintras. Nous l'avons esquissée dans ses traits les plus saillants et nous allons dans ce chapitre en dégager les éléments psychiâtriques.

En étudiant l'histoire de cette vie, qui, après une période de plate médiocrité, connut un certain éclat, où voisinent les miracles, les apparitions, les songes prophétiques, les conversations célestes et un peu de prison, on ne peut croire à l'entière sincérité de Vintras ni qu'il fut tout à fait un imposteur.

Une fructueuse association n'a pas été le seul résultat de sa rencontre avec Geoffroy et si le prophète agrémente son délire de mystifications et d'escroqueries, il demeure incontestable qu'il fut en majeure partie sincère.

Il est des choses qu'on n'imite pas! Cet homme d'une faible instruction n'aurait pas pu, sans foi dans la mission dont il se croyait investi, soutenir pendant d'aussi longues années un rôle qui exige de celui qui le joue de la sincérité. Et cette sincérité c'est la base même de son délire.

Ce ne sont pas simplement les circonstances, l'influence de son époque, les traditions de la Miséricorde et l'héritage moral de Thomas Martin, convergeant vers lui, qui firent de Vintras un prophète. Si celui-ci n'avait pas présenté un état morbide remarquablement apte à les recevoir, un terrain psychopathologique d'une étonnante fertilité, ces éléments, le laissant dans l'indifférence comme ils l'avaient fait pour bien d'autres, n'eussent déterminé chez lui aucune réaction, ni provoqué l'éclosion de ce délire, qui fut l'épanouissement de ses tendances et d'autant plus grand que celles-ci étaient plus fortement marquées.

Ces éléments psychopatiques émergeant d'un fond mental de déséquilibre, ce furent chez Vintras les tendances paranoiaques auxquelles s'associèrent, bien qu'à un degré moindre, celles de la constitution perverse.

« Nous appellerons constitution paranoiaque, disent Sérieux et Capgras, ce fond maladif de la sensibilité et de l'intelligence qui préexiste aux conceptions délirantes et leur donne naissance ». (1).

Ce terme de paranoiaque « n'est ni barbare ni rocailleux, il dit ce qu'il veut dire νοεω je pense παρα de travers; c'est un esprit faux et paradoxal ». (2).

« Les paranoiaques constituent une classe de psychopathes dont l'anomalie va du simple travers mental au délire confirmé et dont la physionomie clinique varie suivant la nature de leurs préoccupations ou la couleur de leurs conceptions délirantes.

« Ce qui fait l'unité psychologique de ce groupe c'est la réunion de quatre éléments cardinaux:

---

(1) Sérieux et Capgras: « *Les Folies raisonnantes* ».
(2) Genil-Perrin in thèse de Montassut, Paris 1924 .

« 1° La surestimation du moi;

« 2° Une méfiance hostile à l'égard de l'ambiance;

« 3° La fausseté du jugement;

« 4° L'inaptabilité sociale. (1)

Instable et inadapté Vintras le fut au plus haut point. Agé d'une douzaine d'années il quitte l'hospice de Bayeux dont la discipline pèse à sa jeune indépendance. A peine a-t-il essayé d'un nouveau métier, qu'il entre en conflit avec le nouveau milieu dans lequel il se trouve. Il reste deux ans, trois ans au plus dans la même place et ces changements successifs ne vont pas sans heurts. Ouvrier tailleur, il veut être marchand ambulant. Cafetier, il cherche un emploi dans la police. Domestique, il quitte ses maîtres ou ceux-ci le chassent pour indélicatesse. A Trévières, à Bayeux, à Caen, à Paris, à Lion-sur-Mer, il promène un vain désir d'équilibre dont son inadaptabilité fait pour lui une chimère. Il se fixera le jour seulement où dans la demi solitude de Tilly, il pourra marquer ceux qui l'entourent d'une déformation analogue à la sienne.

Dès son plus jeune âge, ses tendances perverses apparaissent avec son « goût pour la soustraction frauduleuse » qui pendant toute sa vie se manifesta en diverses circonstances sans que les châtiments ou les peines qui lui furent infligés aient pu l'amender.

Enfin on retrouve aisément dans l'enfance de Vin-

____

(1) Genil-Perrin: « *Les Paranoiaques* ».

tras et la premère période de sa vie les autres caractéristiques de la tare paranoiaque : la fausseté de jugement, qui le fait se méprendre sur lui-même et heurte son rêve à la dure réalité; l'orgueil, que dénote le passage de son auto-biographie cité plus haut dans lequel il vante sa piété, son intelligence et ses succès; la méfiance, qui se traduisit par une certaine inquiétude et le sentiment vague qu'il était incompris.

Le développement de ses tendances psychopatiques est inégal. L'orgueil et l'inadaptabilité sont prépondérants chez Vintras. Mais cette inégalité même n'est pas pour nous surprendre chez des individus dont le propre est le déséquilibre.

« Dans la constitution mentale morbide, dit Génil-Perrin, on trouve en quelque sorte le diminutif de la maladie mentale avérée. Et dans la maladie mentale on observe l'épanouissement de la tendance constitutionnelle morbide. On suit ainsi, à travers la zone de pénombre, le passage de l'état normal à l'état de maladie, et, quand on redescend l'échelle de gravité, on retrouve dans les singularités de caractère de l'homme réputé normal le reflet atténué de la psychose ». (1)

C'est ainsi qu'à la constitution paranoiaque correspond le délire d'interprétation.

« La nature des idées délirantes varie dans la même psychose suivant l'orientation individuelle, la

_____

(1) Génil-Perrin: « Les Paranoiaques ».

formule psychologique du sujet: caractère, niveau intellectuel, tendances, habitudes, éducation. vicissitudes de la vie. interviennent pour aiguiller le prédisposé sur la voie des idées de grandeur ou de persécution ou encore vers telle autre direction — idées mystiques, érotiques, etc...

« Plus que tout autre le délire d'interprétation emprunte la plupart de ses fictions à des faits réels, utilise les données fournies par l'organisation économique, les luttes politiques, les progrès de la science et de l'industrie. Il reflète à sa manière une époque ». (1)

Vintras est un paranoïaque et c'est à la catégorie des délirants mystiques qu'il appartient.

La forte empreinte religieuse dont il avait été marqué pendant son séjour à l'hospice de Bayeux, reparaît à l'époque de son pélerinage à la Délivrande et de sa rencontre avec Geoffroy. Soutenu par une forte religiosité instinctive, il s'oriente alors franchement vers le mysticisme qui « canalise » son activité psychique.

Il souffre d'une opposition mal définie entre ses aspirations profondes et l'indifférence où sont tombées les croyances religieuses du fait de la révolution, ses désirs se précisent, il faut agir. Poussé par l'orgueil, rapportant tout à lui, il se voit l'instrument de la réforme annoncée. Il attend un signe lui faisant connaître que Dieu l'a choisi. Un jour,

______

(1) Sérieux et Capgras: « *Les Folies raisonnantes* ».

un mendiant lui apporte une lettre. Il voit en lui l'Archange Saint-Michel, l'envoyé du Ciel. D'un seul coup éclate son délire depuis longtemps préparé. Le fait est d'ailleurs classique.

« Tous les matériaux de l'erreur sont prêts à servir, dit Dromard. Vienne une occasion fortuite et l'organisation, latente jusque là, ne manquera pas de se faire. Toutes les perceptions fournies par l'ambiance, toutes les images qui surgissent dans le souvenir, convergeront un jour autour d'un même axe et ces éléments divers se rangeront à leur place suivant un ordre prévu d'avance. Il arrive bien souvent que cette opération se réalise avec une rapidité remarquable. Elle peut même s'effectuer avec une soudaineté presque instantanée, justement parce que des tendances profondes ont longuement préparé le terrain. Les matériaux épars se tenant dans une position d'attente et comme en expectative, il suffit du moindre ébranlement pour qu'ils s'organisent en système. Et l'idée délirante éclate donc souvent d'un seul coup, révélatrice, explicative, porteuse de clarté, lumineuse de certitude et d'évidence même. Le malade avait le sentiment confus de « quelque chose » dont il s'épuisait à chercher la cause et son esprit se fatiguait sans relâche à cette besogne incessante. Il faisait des remarques sans nombre et sa perplexité en était redoublée; mais il fallait unifier ces remarques, il les fallait rattacher à un axe unique et voici que cet axe est trouvé. Cette trouvaille est un soulagement. L'idée délirante c'est le port auquel on aborde après un voyage sans boussole sur une mer houleuse, c'est la terre ferme à laquelle on se cramponne ». (1)

N'est-ce pas là l'histoire même de Vintras? Après une jeunesse tourmentée, une période de calme et de méditation, puis brusquement le délire éclate, comme surgit une flamme du bois surchauffé.

Vintras mystique et orgueilleux dirige ses critiques contre l'Eglise, affirme la nécessité absolue d'une régénération: « partout, dit-il, c'est un réveil de l'esprit que l'homme fait servir à ses concupiscences ». — « Le désaccord général entre la perfection des dogmes et l'exemple de ceux qui les annoncent a produit la mésestime du prêtre. » — « Que peut à cet état de mort le ministère pastoral ordinaire ».

Simple ouvrier, il se compare à Saint-Joseph. Plus tard l'ambition et l'orgueil, après l'avoir élevé au rang de prophète, le font entrer en lutte ouverte avec l'Eglise et réclamer la sentence d'un tribunal ecclésiastique. Assoiffé de publicité, toutes les occasions lui paraissent bonnes pour se faire connaître. N'a-t-il pas l'espoir de confondre ses juges et de triompher ainsi de l'évêque de Bayeux?

Tout ce qui le touche est grand. Son orgueil éclate dans les titres qu'il se donne, à lui et à ses fidèles. Nul n'y échappe. Le plus simple de ses disciples porte un nom d'ange, d'autres sont grands pontifes, évê-

____

(1) Dromard: « *Le Délire d'Interprétation* » *Journal de Psychologie* 1911.

ques. Il les sacre à l'aide d'un baume envoyé par le ciel. D' « Organe de Dieu » il devient Pontife d'Adoration et Pontife d'Amour, puis Elie, le nouvel Elie qu'annoncent les Ecritures.

Ses vêtements sont magnifiques. Il les modifie sans cesse. En 1851, son costume est à peu près semblable à celui des Souverains pontifes. Son orgueil est immense.

Par contre, ses idées de persécution sont à peine délirantes. Secondaires à l'orgueil, elles constituent pour ainsi dire la justification du système de réforme dont il est le père. Tous les prophètes sont persécutés. Vintras prophète ne peut échapper à la loi. « Cette croix m'était prédite » dira-t-il après sa condamnation en appel. Il semble même y puiser une certaine force, comme si un nouvel argument lui était donné de la divinité de sa mission. Il se résigne, ayant au cœur la joie amère et profonde de l'apôtre, qui dans l'épreuve acquiert des mérites et dont se prépare le triomphe.

Enfin, c'est par la corruption et l'homosexualité que se traduit à la même époque la constitution perverse de Vintras que nous avons signalée plus haut.

Comme on le voit, d'un fond de déséquilibre mental émerge un monstrueux orgueil qui domine l'histoire entière de cette vie. Dieu a besoin d'un « Organe » pour ramener à l'Eglise impuissante le peuple qui s'en éloigne. Il lui faut un prophète. Il est sûr que le choix de Dieu s'arrêtera sur lui et ainsi d'emblée il parvient à un délire religieux d'orgueil.

Il n'a pas eu à subir ce « double délire antagoniste » des délirants religieux ordinairesi, dans lequel
à côté du « système d'attaque » représenté par Satan,
ne se dresse que progressivement « le système de
protection » où figurent Dieu, la Vierge et les Saints.
Sans passer par l'état de persécution, Vintras parvient d'un seul coup au délire mystique ambitieux,
à la théomanie.

S'il a parfois des songes pleins d'épouvante, des
périodes de découragement, c'est le ciel qui les lui
envoie, comme en témoigne le passage de cette lettre
où il laisse échapper les plus tristes aveux : « dans
la nuit de dimanche à lundi un songe affreux a porté
dans mon âme comme dans mon corps un coup mor-
tel. J'étais à Sainte-Paix, il n'y avait plus personne
au château ; cependant les portes en étaient ouvertes.
Je suis promptement monté à la sainte chapelle ;
j'allais en ouvrir la porte quand j'ai vu écrit en caractères de feux : « n'approche pas de ce lieu, toi que
j'ai vomi de ma bouche ! » Je n'ai pu descendre. Je
suis tombé anéanti sur la première marche mais
jugez de mon effroi quand je n'ai plus vu autour de
moi qu'un large et profond abîme. Il y avait dans le
fond des monstres hideux qui m'appelaient leur
frère. Je cherchais à me cramponner à quelque chose
pour éviter de rouler dans ce gouffre sans fond. Je
priais la mère de Dieu, la divine Marie, je l'appelais
à mon secours. Je l'ai vue au-dessus de l'abîme, elle
m'a lancé ces mots comme une foudre : « Roule,

orgueilleux, dans ces lieux remplis de feux, qu'habitent les démons. »

Du délire de Vintras, de ses visions complexes, où s'associent les apparitions brillantes, les conversations célestes, les odeurs suaves, trois ordres de faits peuvent être dégagés : les hallucinations, les interprétations, les illusions.

Comme tous les dégénérés mystiques, Vintras eut surtout des hallucinations de la vue, ainsi qu'en témoigne l'opuscule sur les communications de l'Œuvre de la Miséricorde dans ce passage que nous résumons : parfois ce sont de grands tableaux prophétiques ; ou bien ces visions font tout à coup passer l'esprit de Pierre-Michel de la plus profonde consternation aux plus ravissants transports de l'espérance et du bonheur. Enfin elles lui présentent un simple et gràcieux tableau.

La demie obscurité des églises est éminement favorable à ces visions dont on ne peut pas toujours affirmer qu'elles furent des hallucinations ou des illusions. « Le 15 août 1840, dit Vintras, dans l'église Saint-Pierre à Caen, à la chapelle de la Sainte Vierge, je venais de faire une consécration de la France à la Mère de Dieu, quand une clarté, effaçant la lumière du soleil, m'a fait lever la tête. Alors plus de chapelle mais un trône étincelant sur lequel était assise la divine Marie... »

Mais ce n'est point assez du jour. Le Seigneur instruit son « Organe » durant son sommeil par des songes qui lui présentent en action les scènes des événements annoncés.

« Dans le sommeil extatique, est-il dit dans le même Opuscule, le sens humain disparaît entièrement. Le sommeil est réel et profond, il est surnaturel car le bruit ne l'interrompt pas. Les yeux du corps ne voient rien. Comme homme, celui qui est dans cet état n'a nullement la conscience de ce qu'il fait ou de ce qu'il dit et au réveil il ignore ce qui est arrivé. Tout se passe au profit de ceux qui l'entourent. Eux seuls peuvent rendre témoignage du prodige... Tel est l'état dans lequel le Seigneur fait entrer fréquemment son « Organe » depuis le commencement de cette année. »

« Le caractère essentiel de ces hallucinations, dit Prouvost qui les a étudiées avec Régis, c'est d'être oniriques, c'est-à-dire de se produire soit la nuit pendant le sommeil, soit le jour dans les états hypnagogiques tels que : la contemplation, l'extase, etc... Ces hallucinations sont surtout visuelles et consistent en une sorte de scène hallucinatoire suivie, cohérente, complète, à type toujours uniforme, avec de simples différences de complexité suivant les cas » (1).

Ces hallucinations visuelles présentent chez Vintras les caractères suivants : elles sont nettes et lumineuses, complexes, le plus souvent colorées et toujours mobiles.

« C'est chez les monomanes religieux, dit Baillar-

----

(1) Prouvost: « *Le Délire prophétique* ». Th. Bordeaux 1896-97.

ger, qu'il faut chercher les hallucinations de la vue les plus compliquées. Chez eux l'imagination déploie pour ainsi dire toutes ses richesses et enfante les plus merveilleux tableaux. »

Les visions de Vintras sont en complète harmonie avec son délire. « Il n'est personne, dit le même auteur, qui n'ait remarqué les rapports des préoccupations de la veille et des rêves : or, les mêmes rapports existent aussi avec les hallucinations. C'est le plus souvent l'image de la personne qui occupe notre pensée pendant la veille que nous apercevons dans nos rêves ; c'est aussi celle qui nous apparaît sous forme d'hallucination : c'est la Vierge, le Christ, les Anges que voient les monomanes religieux ; c'est le diable au contraire qui se montre aux démono-maniaques. »

Quant aux hallucinations auditives de Vintras elles ont été de différents ordres.

Les hallucinations sensorielles auditives n'ont peut-être pas été chez Vintras aussi fréquentes qu'il le prétend et la plupart des communications célestes qu'il transmet à ses disciples, si elles ne sont pas toujours le fruit de son imagination consciente, le sont sans doute d'hallucinations motrices. Quand il entre en extase, par un travail inconscient, surgit en lui une pensée, une voix intérieure conforme à son délire dont elle est l'émanation, voix qu'il ne reconnaît pas comme sienne, qu'il extériorise et attribue aux personnages de ses visions. Mais ces extases, qu'il provoque à volonté semble-t-il, ne sont-elles pas d'habiles stratagèmes ? Nous faisons sur ce sujet les plus grandes réserves.

Il est au contraire très vraisemblable que Vintras ait eu des hallucinations auditives motrices graphiques tout à fait sincères quand il prend la plume pour écrire ses révélations ou répondre à ses correspondants et à ses contradicteurs.

La description nous en est donnée dans l'Opuscule : « Un miracle constant est cette fidélité de mémoire par laquelle Pierre-Michel conserve mot pour mot l'allocution qu'il vient d'entendre quelque longue qu'elle soit.

« En écrivant il semble copier ; son esprit voit le mot qui suit le mot déjà écrit, de sorte que la main court sans arrêt et sans s'occuper s'il en sortira une phrase exacte. Chaque communication dit le lieu, le jour, l'heure où elle s'est faite, les circonstances qui la caractérisent et les personnes présentes s'il y a lieu. Mais cette exposition de la scène, bien qu'elle se borne à quelques lignes, lui coûte toujours des efforts. Il est pour cela réduit à sa capacité humaine ; la main hésite, rature souvent et ne commence à courir que quand il arrive aux paroles révélées.

« Ce miracle de mémoire persévère jusqu'à ce qu'il ait écrit la communication. Une fois ce travail fait, il ne la connaît plus que comme ceux qui l'ont entendu lire. Il ne pourrait pas l'écrire deux fois. Lorsqu'au mois d'octobre 1839, son confesseur, craignant que ce ne fut une maladie nerveuse et périodique qui lui fit écrire chaque jour le produit de son imagination malade et exaltée, lui défendit d'écrire les communications qu'il recevait, Pierre-Michel laissa passer dix jours sans écrire, bien qu'il ait eu dans l'intervalle sept entretiens avec l'Archange. Et lorsque celui-ci, jugeant suffisante la preuve d'obéissance donnée à son confesseur, lui ordonna de reprendre la plume, Pierre-Michel eut à rédiger de suite trente pages successives. »

Dans les hallucinations motrices verbales **graphiques** « comme pour l'hallucination orale, dit **Regis**, le sujet peut s'imaginer que c'est lui-même qui écrit malgré lui ou un autre personnage qui écrit par sa main. C'est le cas chez certains délirants mystiques, dans le somnambulisme, et chez beaucoup de médiums. Il peut arriver que l'individu n'ait même pas conscience qu'il écrit, d'où le phénomène appelé écriture automatique ou inconsciente ». (1)

Ainsi s'explique ce prétendu miracle de mémoire dont la cessation après écriture fait naitre des doutes sur la sincérité de celui qui en est l'objet. Pourquoi Vintras est-il obligé d'écrire de sa propre main si ce n'est parce que l'inspiration lui vient pendant l'acte même. Ces révélations ne semblent pas antérieures à l'acte, mais lui être synchrones. Tel un médium, pendant « l'exposition de la scène » Vintras entre en transe.

D'autre part, il ne faut pas oublier que les do-

---

(1) Régis: « *Précis de Psychiatric* ».

cuments que nous possédons ont été rédigés dans un but de propagande et que les communications prophétiques, les citations de l'Ecriture, ont été soigneusement revues par l'Abbé Charvoz, théologien assez distingué paraît-il, affilié à l'œuvre de la Miséricorde.

A côté de l'hallucination il convient d'étudier l'interprétation délirante.

Sérieux et Capgras la définissent : « Un raisonnement faux, ayant pour point de départ une sensation réelle, un fait exact, lequel, en vertu d'association d'idées, liées aux tendances, à l'affectivité, prend, à l'aide d'inductions ou de déductions erronées, une signification personnelle pour le malade invinciblement poussé à tout rapporter à lui. »

Le 6 août 1839, Vintras reçoit la visite d'un vieux mendiant; voilà le point de départ du délire, la sensation réelle, le fait exact. Vintras mystique voit dans ce vieillard un ange envoyé par le ciel. C'est l'étincelle qui met le feu aux poudres. Les interprétations se succèdent, le délire se systématise rapidement. Les textes sacrés de l'Ancien Testament deviennent une source intarissable à laquelle Vintras ne se fait pas faute de puiser. Dans sa réponse à l'Abbé Caillau, qui, dans une publication, n'avait pas ménagé l'œuvre de la Miséricorde, Vintras s'exprime ainsi: « Vous dites : « Cette œuvre est suspecte et corrompue dans son origine ». — Vous accusez d'extravagance une révélation qui a ses racines dans toute l'Ecriture sainte; vous appelez extravagante cette œuvre dont l'espérance et l'appel sont implicitement et souvent explicitement dans la plus grande partie des psaumes et des prières les plus usitées dans l'église; vous nommez extravagant ce qui jette un jour si brillant sur cette foule de mystères imposés à la foi des hommes? »

Comme leur maître, les disciples interprètent et tous voient dans la mort des ennemis de l'œuvre la manifestation de la colère de Dieu.

En 1841, Monseigneur Paysant, Evêque de Tours meurt « à la suite d'un dîner où devant 25 à 30 convives il venait de qualifier les communications et leur « Organe » Pierre-Michel de la manière la plus révoltante dans les termes ».

En 1842, Monseigneur Varin, Evêque de Strasbourg, meurt « pour avoir essayé d'attaquer l'orthodoxie des communications ».

Un avocat de Caen qui avait refusé de défendre Vintras et les deux aumôniers de la prison meurent également.

Dernier exemple, qui montre jusqu'où est poussée la systématisation du délire, la Voix de la Septaine va jusqu'à publier des passages des « Soirées de Saint-Pétersbourg » dans lesquels de Maistre parle d' « un événement immense dans l'ordre divin. » Il est élevé au rang de prophète de l'Œuvre.

Enfin au cours de sa carrière, à côté des hallucinations et des interprétations mentionnées plus haut, Vintras a été victime de fréquentes illusions auxquelles le prédisposaient son imagination et son émotivité très grandes. La vision du 21 août 1839 qu'il eut à la Chapelle Expiatoire, où la statue de Marie-Antoinette s'anime et cache sa tête dans les bras du vieillard, en est un exemple remarquable.

Ainsi se manifesta le délire de Vintras dans l'épanouissement de ses tendances psychopatiques. Etudions maintenant l'évolution de cet anormal dans la société et les réactions qui eurent lieu de part et d'autre. Les réactions du malade sont, dit Wallon, « la manifestation de son tempérament actionnée par son délire ».

Les tendances constitutionnelles morbides de Vintras l'amènent à adopter envers l'Eglise une attitude de mécontent qui le conduit au délire et à la révolte. D'autre part, au point de vue social, Vintras inadapté à la règle commet des délits : vol, vagabondage, actes sexuels qui lui valent à Bayeux, une condamnation à quinze jours de prison.

Devenu délirant, il fonde une religion et cherche à restaurer Louis XVII.

La grandeur de ses projets mesure la richesse de son délire. Du fait de celui-ci ses mesquines révoltes de jadis se sont transformées, magnifiées, elles deviennent cohérentes, ne se traduisent plus par des actes isolés et médiocres, ses efforts dispersés se concentrent. A mesure que se systématise son délire, progresse son organisation religieuse. Rien ne manque : visions, prophéties miracles. De ceux-ci Vintras a tiré une renommée immense. Habile simulateur, ses disciples furent victimes d'illusions collectives.

L'agitateur qu'il devient entraîne de la part de la

société une forte réaction. L'Eglise d'abord le condamne, puis immédiatement après, le gouvernement intervient et sous un prétexte futile on le soustrait à l'enthousiasme de ses fidèles. La période brillante de l'Œuvre de Miséricorde est terminée.

CHAPITRE VII

VINTRAS DÉLIRANT MYSTIQUE ET POLITIQUE
SON ROLE COMME AGENT DE NAUNDORFF

Tels sont les faits psychiatriques qui découlent de l'observation de Vintras.

« Un fait incontestable est que, dans les dernières années de la Restauration, la croyance à la survie de Louis XVII se propagea comme sur un mot d'ordre. Il y avait, au fond de cette illusion, une grande part de sensibilité, la répugnance d'admettre que, à la fin du XVIIIᵉ siècle, à Paris, un innocent de dix ans, parce que né prince, était mort, à force de coups, dans le désespoir et la pourriture. L'effroyable légende pesait comme un remords et, de tous les crimes de la Terreur, on se refusait à amnistier celui-là. Les ténèbres dont s'enveloppait la douloureuse histoire du Temple permettaient, d'ailleurs, de mettre en doute la réalité d'un tel forfait, et, plus les chroniqueurs officiels accumulaient d'affreux détails sur la lente agonie du pauvre petit Dauphin, plus se révoltait la conscience publique, soulagée par la pensée que de telles horreurs étaient mensongères et qu'un miracle avait soustrait l'Enfant royal à ses bourreaux. Qu'était-il advenu de lui depuis trente ans ? Vivait-il ? En quel coin perdu de la terre traînait-il sa clandestine existence ? Pourquoi ne se manifestait-il pas ? »

« Autant de mystères qui harcelaient les imagina-
tions. Déjà s'étaient présentés plusieurs candidats au
titre de Dauphin évadé; le premier en date, et le plus
intéressant, Hervagault, avait paru sous le Directoire
et sous l'Empire, temps peu favorables à ce genre de
prétention. Il mourut à Bicêtre en 1812. Le second,
Mathurin Bruneau, avait surgi en 1816, et précisément
à l'époque des premières visions de Martin. Son
procès, à Rouen, eut du retentissement; la Cour même
s'en émut. Bruneau était mort d'une apoplexie, à la
prison du Mont-Saint-Michel, le 26 avril 1821. Ces deux
précurseurs disparus, leurs fidèles attendaient avec
confiance un nouveau prétendant, et, de ce nombre,
beaucoup d'ecclésiastiques. S'il fallait justifier cette
épidémie de pressentiments chimériques, on l'expli-
querait peut-être par les déboires des purs royalistes,
peu satisfaits de la Monarchie tant bien que mal ra-
fistolée par Louis XVIII et dont ils attendaient mieux.
La réalisation de ce que l'on a trop longtemps désiré
apporte le plus souvent une déception, et, parce que
les inquiets survivants de la révolution ne retrouvaient
pas le calme et la sérénité de l'ancien régime, ils s'en
prenaient à la Charte et à son auteur et attendaient
d'un roi imaginaire le retour au passé qu'ils souhai-
taient depuis tant d'années ». (1)

En 1833, apparait Naundorff qu'annoncent les visions de Martin. Martin meurt en 1834.

---

(1) Lenôtre: « *Martin le Visionnaire* ».

Il fallait un nouveau prophète pour soutenir la candidature du prétendant. Ce fut Vintras!

Peut-on admettre que celui-ci ait été un simulateur pur et simple, un agent subventionné du parti Naundorffiste ? Devant la difficulté d'un rôle aussi complexe tenue par un simple ouvrier, on ne peut admettre cette hypothèse trop absolue. En outre une partie de son histoire rentre, comme nous l'avons vu, dans le chapitre précédent, dans un cadre psychiatrique bien défini à l'heure actuelle: celui de la paranoia mystique caractérisée par le fond mental, le délire systématisé, les hallucinations surtout visuelles, les illusions, la fondation d'une religion, etc...

Mais la possibilité d'une simulation partielle, de l'utilisation du paranoiaque qu'était Vintras par Geoffroy agent de Naundorff, est hors de doute. Geoffroy rencontre au pélerinage de la Délivrande, Vintras dont le caractère exalté ne lui échappe pas. Il l'initie aux révélations antérieures et le prépare ainsi au délire. Le moment favorable venu, on lui envoie par l'intermédiaire d'un vieillard aux allures étranges une lettre adressée au duc de Normandie, écrite dans un langage mystique propre à frapper son imagination. Il n'en faut pas davantage. Vintras bien préparé, prend le messager pour un ange. Il se croit investi d'une mission.

Par la suite Geoffroy resta dans l'ombre et le délire fut l'œuvre même du prophète.

S'agit-il d'une psychose hallucinatoire chronique à forme mystique ou d'une paranoia mystique?

Ces deux affections se greffent sur un terrain semblable : celui de la constitution paranoiaque qui, d'après Régis affecte tout particulièrement les enfants naturels. Cette constatation est pleine d'intérêt, car c'est à cet état d'enfant naturel seul que se résument les renseignements sur les antécédents héréditaires de Vintras.

La psychose allucinatoire chronique débute par une période d'inquiétude, « de concentration analytique » à laquelle s'ajoutent des phénomènes physiques douloureux et un certain trouble intellectuel. Nous retrouvons bien chez Vintras cette analyse de lui-même et de son époque au moment où, revenu à des sentiments religieux, installé dans son moulin de Tilly, paisible après une vie agitée, il médite sur les Ecritures et s'adonne avec ferveur aux pratiques de piété. Mais cette analyse à la fois subjective et objective se rapproche davantage de celle observée au début du délire d'interprétation dont la période d'incubation n'est pas aussi nette. Le plus souvent elle passe inaperçue du malade dont l'attention n'est pas attirée par des phénomènes anormaux, cependant que s'accumulent en lui les matériaux de son futur délire.

Après cette phase de début le malade entre plus ou moins brusquement dans la période d'état. Dans la psychose hallucinatoire chronique celle-ci est marquée par la présence d'un double délire antagoniste. Le sujet attribue les sensations anormales qu'il éprouve ou croit éprouver à l'influence mauvaise du démon. Souvent même il se croit posédé. Il localise le mauvais esprit dans une partie de son corps et celui-ci de mille façons le torture, le pousse au mal contre sa volonté. De plus, ces malades sont souvent des persécutés génitaux.

« Contre toutes ces sensations hallucinatoires pénibles, dit Régis, les malades emploient, comme les persécutés, toutes sortes de moyens de défense. Ils se livrent aux pratiques superstitueuses extravagantes usitées dans certains pays pour se délivrer des sorciers; ils font des prières, des neuvaines... ils réclament avec insistance d'être exorcisés... » (1)

Ainsi le malade édifie peu à peu « un système de protection ». « Menacé, tenté, violenté par Satan, il est soutenu, réconforté, dirigé par Dieu, la Vierge, le Saint-Esprit, tel ou tel Saint. C'est sur son corps et dans son esprit une lutte perpétuelle de ces deux forces opposées ». (1)

Ce double délire caractéristique de la psychose hallucinatoire n'existe pas chez Vintras. Au contraire à la suite de la visite du mendiant éclate un délire peuplé de personnages célestes. Pierre Michel est l'homme de Dieu. Seules les forces bonnes triomphent en lui.

Rapidement, son délire se systématise par interpré-

---

(1) Régis: « *Précis de Psychiatrie* ».

tations successives sans que se modifie l'idée directrice. On peut lui appliquer les deux caractères classi-
ques: la fixité et la diffusion.

— Il dénature quelque peu les évènements de son époque, les ampifie outre mesure. Il délire, mais seulement dans une zone très déterminée: la réforme religieuse et la restauration de Louis XVII. Il se mé-
prend sur lui-même. Il conclut de ses dispositions mystiques à une mission céleste.

Quant aux hallucinations que nous avons mentionnées chez Vintras, elles sont loin de faire défaut
dans le délire d'interprétation.

« Parfois l'hallucination, disent Sérieux et Capgras,
survient dans le silence de la nuit, mais son appari-
tion est subordonnée à une émotion intense, comme
chez les gens normaux, ou bien elle est liée à la peur,
au fanatisme, à l'attention expectante. Les hallucinations psycho-motrices verbales et les voix inté-
rieures sont rares. Les hallucinations et les illusions
de la vue sont rares sauf chez les mystiques. Elles
exercent une influence considérable sur la systématisation du délire. »

A côté de ces symptoses positifs il en est de né-
gatifs d'une certaine importance, notamment l'absence de démence terminale, la conservation de l'intelligence, de la mémoire, de l'activité psychique, de
la valeur professionnelle. Il faut y ajouter l'absence
de troubles sensoriels, exception faite des hallucinations.

L'intelligence de Vintras semble se conserver intacte. Sa mémoire est fidèle. Mieux, Vintras est un hypermnésique. Il cite avec précision une foule de passages de l'Ecriture ou des auteurs qu'il a rapidement assimilés. Il acquiert des notions nouvelles. A défendre ses convictions, son esprit s'affine, sa dialectique devient plus serrée, ses déductions s'enchaînent plus étroitement. Le point de départ étant admis, sa logique est normale et le succès de Vintras réside dans la vraisemblance de l'erreur initiale. « Le délire d'interprétation est le type des folies convaincantes. » Les idées de Vintras, parce qu'elles possèdent une valeur émotionnelle considérable, sont éminament contagieuses et ceci s'ajoute encore à la force que leur donne leur apparence de raison. De plus, il s'adressait à des individus très bien préparés à recevoir son influence morbide du fait des évènements et par l'espoir qu'ils avaient tous d'un profit matériel ou moral.

Cette contagion des idées n'existe pas dans la psychose hallucinatoire chronique, du fait de l'absurdité même du délire et Vintras nous paraît bien avoir été atteint d'une paranoia mystique, greffée sur un fond de déséquilibre constitutionnel.

Ce qui fait l'intérêt de de paranoiaque c'est qu'il fut suffisamment intelligent et surtout énergique pour parvenir à un certain succès. La vraisemblance de son délire a entraîné des théologiens avertis. Ses miracles, ses visions, ses prophéties ont ébranlé bien des convictions. Il défend avec logique son erreur religieuse, l'appuyant sur les textes qui soutiennent l'orthodoxie elle-même. Sans heurt, son délire glisse dans l'esprit de ceux qui l'écoutent et ses idées se développent à la faveur de dispositions psychiques analogues aux siennes, crées par l'ambiance.

Sa secte grandit avec son autorité et son prestige, sous l'influence de l'enthousiasme et de l'activité qu'il met au service d'un délire devenu son idée fixe.

Si Vintras avait été libre d'agir, serait-il parvenu à grouper autour de lui tous les Naundorffistes, tous les royalistes mécontents de la monarchie constitutionnelle? Sa foi eut-elle été assez forte pour attirer un plus grand nombre de fidèles?

Considéré comme un agitateur néfaste la société ne lui permit pas de tenter l'expérience.

Pendant trois ans il fut libre d'agir; autour de lui s'éleva un tourbillon de folie religieuse. Un instant, il connut une étonnante renommée, puis peu à peu, tomba dans l'oubli à la suite de sa prison et de son exil.

Maintenant à Tilly, les derniers adeptes de Vintras sont morts et le prophète ne laisse dans le vallon de la Seulle, qui cependant vit naître de si grands espoirs et fut témoin de ses extravagances, qu'un souvenir très lointain.

CONCLUSIONS

1° Vintras est un paranoïaque atteint de délire mystique systématisé. Ce fut un délirant intelligent et surtout actif, bien servi par sa mémoire remarquable et son assimilation parfaite de l'Ecriture.

L'histoire de son délire, les événements qui le provoquèrent et le firent évoluer, montrent l'influence considérable qu'ont sur ce genre de psychoses, les tendances politiques et religieuses d'une époque dont elles sont très souvent le reflet. Vintras n'est pas un grand réformateur, mais son énergie mise au service de son délire lui a valu un demi-succès. Il se place ainsi bien au-dessus des fondateurs de petites sectes, dont XIXᵉ siècle vit une prodigieuse floraison.

2° Paranoïaque, Vintras fut aussi un pervers, comme en témoignent les vols et les escroqueries, qui lui ont valu deux emprisonnements, les manifestations d'érotisme qui eurent lieu à Tilly et son homosexualité.

3° Vintras fut atteint également de délire de persécution. Ce délire, conséquense de son orgueil morbide, occupe une place de second plan, mais il corroborre son délire mystique et justifie en quelque sorte la mission de Vintras car il n'est pas de grand prophète qui n'ait été persécuté.

Table des Matières

LES PRESSES UNIVERSITAIRES DE FRANCE
49, Boulevard Saint-Michel - PARIS

www.ingramcontent.com/pod-product-compliance
Lightning Source LLC
LaVergne TN
LVHW021455170726
843501LV00005B/1671